JupyterNotebook
【ジュパイター・ノートブック】
レシピ

はじめに

> 本気の職業プログラミングは難しいし疲れがち。
> 力を抜いた、もっと手軽なプログラミングをしてみたい！

　そう思ってみても、プログラミングが複雑化したいま、なかなかそう手軽にいきません。

　そうしたなか、手を差し伸べてくれる開発環境が「Jupyter Notebook」です。

＊

　「Jupyter Notebook」は、ブラウザで動く Python 実行環境。コードの断片を入力して、すぐに実行して試せます。

　「ドキュメント」や「数式」と「プログラム」を一緒に書き、プログラムの実行結果を「グラフ」として表示できることから、研究者の間でよく使われています。

　実際、この頃の機械学習や AI ブームで、データを分析する「データサイエンティスト」と呼ばれる人達が、プロトタイプ作りによく使っています。

　こんな便利なソフト。研究者だけに使わせておくのはもったいない！

　手軽にプログラムを実行できる趣味プログラミングにも活かせないか！？

　そんな考えから生まれたのが、この本です。

＊

　本書では、完全に趣味のプログラムから、ちょっと仕事に役立つプログラムまで、1 ページで収まるような短いサンプルを全部で 22 本収録しています。

　本書の目的は、「こんなこともできるんだ！」という、プログラミングの面白さ・便利さを伝えること。

　理解するというよりも体験・体感する、そんなサンプル集。サンプルは、すべてダウンロードできる形で提供しています。

　そのまま実行して楽しむもよし、改造するもよし。

　そんなプログラミングのレシピ集、ぜひ、味わってみてください。

大澤文孝

JupyterNotebook [ジュバイター・ノートブック] レシピ

CONTENTS

「サンプル・プログラム」のダウンロード

本書の「サンプル・プログラム」は、工学社ホームページのサポートコーナーから
ダウンロードできます。

＜工学社ホームページ＞

http://www.kohgakusha.co.jp/support.html

ダウンロードしたファイルを解凍するには、下記のパスワードを入力してください。

WUdcxMvA

すべて「半角」で、「大文字」「小文字」を間違えないように入力してください。

●本書は、「月刊I/O 2019年1月号〜2020年11月号」で連載していた「Jupyter Notebookレシピ」を元に、加筆
　修正したものです。

●各製品名は、一般的に各社の登録商標または商標ですが、®およびTMは省略しています。

第**1**章

Jupyter Notebookの
インストール

「Jupyter Notebook」(「ジュパイター・ノートブック」
または「ジュピター・ノートブック」)は、メモ書きのよ
うにプログラムを書き、実行して、すぐにその結果を
表示できるツールです。
本書では、この「Jupyter Notebook」を使って、さま
ざまなプログラムを作っていきます。
第1章では、「Jupyter Notebook」の紹介と、インストー
ル、そして、簡単な使い方を説明します。

1-1　Jupyter Notebookとは

「Jupyter Notebook」(「ジュパイター・ノートブック」または「ジュピター・ノートブック」)は、書いたプログラムをすぐに実行して、動作の確認ができるエディタ環境です。

「数行のプログラムだけでもその場ですぐに実行できる」「プログラムと一緒にドキュメントも書ける」「データを表やグラフで表示できる」ことから、科学計算や機械学習のエンジニアに、まさに研究内容をまとめるための「ノート(Notebook)」として、よく使われています。

■ブラウザでプログラムを書いて実行できる

「Jupyter Notebook」は、ブラウザ上で実行されます。

起動すると、図1-1のように、プログラム(もしくは単なるテキスト)を入力できる「枠」が表示されます。

この「枠」に、実行したいプログラムを入力して実行すると、その下に結果が表示されます。

図1-1　Jupyter Notebookにおけるプログラムの実行

「Jupyter Notebook」では、いくつかのプログラミング言語を使うことができますが、よく使われるのは「Python」です。

そこで本書でも、Pythonを使ってプログラミングしていきます。

　「Jupyter Notebook」では、このように、1行とか数行のプログラムをセル単位で実行できます。

　セルは必要に応じて、いくつでも作れますし、どのセルのプログラムも好きな順序で実行できます。

　長くまとまったプログラムを書く必要はなく、思い立ったコードを少しずつ、セルに入力していけばよいのです。

　こうした気軽さが、Jupyter Notebookが多くの人に愛される理由です。

■表やグラフ、図形も表示できる

　「Jupyter Notebook」では、表やグラフ、図形も表示できます(**図1-2**)。

　さまざまな数値計算や実験結果などをとりまとめて、可視化するときにも、「Jupyter Notebook」が役立ちます。

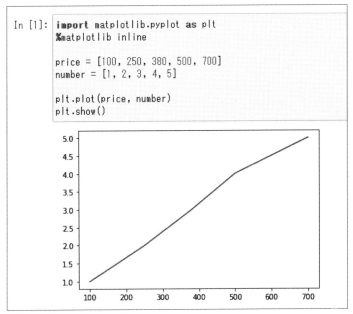

図1-2　グラフを描画した例

■「趣味プログラミング」や「プロトタイプ作り」にとても便利

　「Jupyter Notebook」は、主に科学者やデータサイエンティストを中心に使われていますが、こうした、「ちょっとコードを入力して、すぐに実行できる」という環境は、「趣味プログラミング」や「プロトタイプ作り」にも、とても便利です。

コラム　商用アプリの開発には向かない

　ここまで説明してきた特徴から想像できるかも知れませんが、「Jupyter Notebook」は、「ユーザー・インターフェイス」を備えるような、商用アプリ開発には向きません。

　なぜなら、「セルにプログラムを入力して、その断片を実行すること」しかできないからです。

　たとえば、「Jupyter Notebook」で作ったプログラムを実行形式ファイルに変換して、そのファイルをダブルクリックして実行する、などということはできません。

　「Jupyter Notebook」は、あくまでも、「ちょっとしたコードを実行するためのツール」でしかありません。

　実際、「Jupyter Notebook」を使っている人達は、「Jupyter Notebook」でさまざまな試作をし、試作がうまくいったら、別の開発環境を使って、商用のプログラムを書いていくというやり方をしています。

　これは一見、無駄のようですが、簡単に何度も試行できる「Jupyter Notebook」は、「使い捨て」「ちょっとした実験」のプログラムを作るのに効率が良いため、開発の現場では、とても役立っています。

1-2   Jupyter Notebookをインストールする

それでは、この便利な「Jupyter Notebook」をインストールしていきましょう。

■Jupyter Notebookの実行環境

「Jupyter Notebook」は、「Jupyterプロジェクト」が開発している、オープン・ソースのエディタです。

---

http://jupyter.org/

Jupyter Notebook自体がPython製なので、実行するには、事前に「Python」をインストールしなければなりません。

それには、主に、2つの方法があります。

①標準的なPythonを使う方法

Python公式が配布しているサイトから、標準的なPythonをインストールし、それから「Jupyter Notebook」をインストールする方法。

②Anacondaを使う方法

「Anaconda」は、主に科学計算などのライブラリを中心に追加したPythonパッケージ。

これをインストールして、「Jupyter Notebook」を使う方法。

どちらの方法でもよいのですが、本書では、①の方法を使って進めていきます。

以下、インストールの方法を説明します。

■Pythonのダウンロード

まずは次のようにして、Pythonをダウンロードします。

手　順　Pythonのダウンロード

[1]　Pythonの公式ページに移動する

ブラウザから、**Python公式ページ**を開きます。

【Python公式ページ】
https://www.python.org/

---

[2]　ダウンロードページを開く

[Downloads]のリンクメニューを辿ると、ダウンロードボタンがあります。

ほとんどの場合、ここからダウンロードすればよいのですが、ここで表示されるものは、「ブラウザから自動判定されたOS、32bit/64bitの別」が選択されたものです。

本書では、「64bit版」を確実に使いたいので、[View full list of downloads]をクリックしてください（図1-3）。

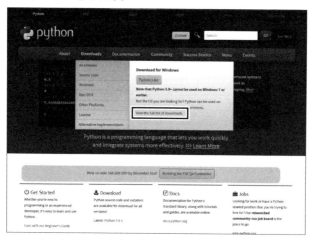

図1-3　[View full list of downloads]をクリック

[3]　最新版のダウンロード

ダウンロード一覧が表示されます。

このなかから最新版の[Download]のリンクをクリックします。

本書の執筆時点では、「Python 3.9.1」でした（図1-4）。

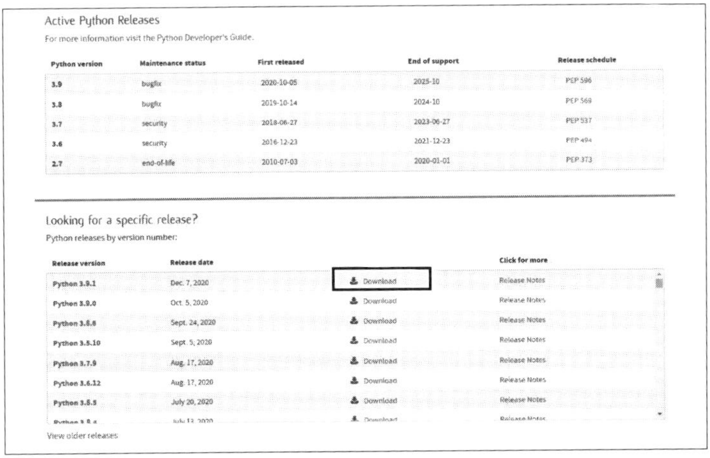

図1-4　最新版の[Download]のリンクをクリックする

[4]　Windowsの64bit版のインストーラをダウンロードする

該当のダウンロードページが表示されます。[Files]の項目に、ダウンロードできる一覧があります。

この中から「Windows Installer(64-bit)」をクリックしてダウンロードします（図1-5）。

図1-5　[Windows Installer (64bit)]をクリックしてダウンロードする

■Pythonのインストール

　続いて、ダウンロードしたインストーラ・ファイルを使って、インストールします。

手　順　Pythonのインストール

[1]　インストーラを起動する

　ダウンロードしたインストーラ（python-3.X.X-amd64）を起動して、インストーラを開始します（X.Xはバージョン番号）（図1-6）。

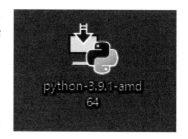

図1-6　ダウンロードしたインストーラを起動する

[2]　パスの設定をしてからインストーラを始める

　インストーラが起動します。

　[Add Python 3.9 to PATH]にチェックを付けてから（3.9の部分はバージョンによって違うかも知れません）、[Install Now]をクリックします（図1-7）。

図1-7　[Add Python 3.9 to PATH]にチェックを付けてから、[Install Now]をクリックする

[3]　ユーザーアカウント制御

　ユーザーアカウント制御の画面が表示されたら、[はい]をクリックします（図1-8）

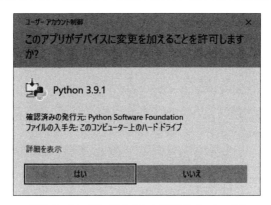

図1-8　ユーザーアカウント制御のメッセージ

[4]　インストールの完了

インストールが完了しました。

[Close]ボタンをクリックして、インストーラを終了します（図1-9）。

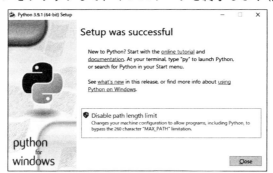

図1-9　インストールの完了

[メモ]

> [Disable path length limit]は、パスの長さ制限を取り除く設定をするボタンです。
>
> また、「パス」とはフォルダの場所のことです。
>
> 本書の範囲では、そのような操作をする必要はないので何もしませんが、ライブラリを利用する際のインストール先のフォルダの階層が深くなるときは、この制限を取り除かないと、パスの末尾が切り取られるために、正しく動作しないことがあります。

コラム スタートメニュー

　Pythonをインストールすると、［スタート］メニューに、Pythonを起動するための項目やマニュアルなどが登録されます（**図1-10**）。

　ただし、本書では「Jupyter Notebook」を使うため、これらのメニューから、Pythonを直接、起動することはしません。

図1-10　［スタート］メニューに登録されたPython

■Jupyter Notebookのインストール

　最後に、「Jupyter Notebook」をインストールします。

　「Jupyter Notebook」は、コマンドプロンプトから、「pipコマンド」を使ってインストールします。

手　順　Jupyter Notebookのインストール

[1]　コマンドプロンプトを起動する

　［スタート］メニューから［Windowsシステムツール］にある［コマンドプロンプト］を選択して起動します（**図1-11**）。

図1-11 ［スタート］メニューから「コマンドプロンプト」を起動する

コラム もっと簡単にコマンドプロンプトを起動する

より簡単にコマンドプロンプトを起動するには、［スタート］メニュー
の横で「cmd」と入力して検索して実行します（図1-12）。

図1-12 「cmd」と入力して検索すると「コマンドプロンプト」が選べる

[2]　「Jupyter Notebook」をインストールする

「Jupyter Notebook」は、Pythonのライブラリとして提供されています。

Pythonでライブラリをインストールするには、「pipコマンド」を使います。

コマンドプロンプトから、次のように入力して、「Jupyter Notebook」をインストールします。

```
pip install jupyter
```

入力して[Enter]キーを押すとダウンロードとインストールが始まります（図1-13、図1-14）。

インストールが終わったら、このコマンドプロンプトは閉じてかまいません。

このまま「Jupyter Notebook」を起動するのであれば、開いたままの状態にしておいてください。

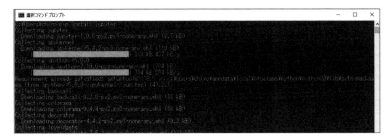

図1-13　「pip install jupyter」と入力して[Enter]キーを押す

図1-14　インストールが完了したところ

1-3　Jupyter Notebookの基本的な使い方

ここでは、「Jupyter Notebook」の起動と基本的な使い方を説明します。

■Jupyter Notebookの起動

「Jupyter Notebook」を起動するには、コマンドプロンプトを起動し、次のように入力します。

```
jupyter notebook
```

すると、いくつかのメッセージが表示されたあと、ブラウザが起動します（図1-15）。

「Jupyter Notebook」でプログラムを記述したり実行したりするのはブラウザですが、その裏では、このコマンドプロンプトで実行されているプログラムを通じて処理しているため、コマンドプロンプトのウィンドウを閉じてはいけません。

図1-15　「jupyter notebook」と入力して[Enter]キーを押す

コラム　**間違えてコマンドプロンプトを閉じてしまったときは**

> 　間違えてコマンドプロンプトを閉じてしまったときは、もう一度、コマンドプロンプトを起動して「jupyter notebook」と入力して起動します。
> 　ただし、このとき、すでに開いているブラウザでは、もう操作ができなくなるので、新しく開かれたブラウザのほうで操作してください。

コラム　**自動で起動しないときは**

> 　ブラウザが自動で起動しないときは、手動でブラウザを起動し、コマンドプロンプトに表示されている URL（図1-15で言えば、「http://localhost:8888/…」や「http://127.0.0.1:8888/…」のURL）をコピーし、ブラウザに貼り付けてください。

■Jupyter Notebookの基本操作

　「Jupyter Notebook」を起動すると、ブラウザで図1-16に示す画面が表示されます。これは、操作するファイルを新規作成したり、選択したりする画面です。

　「Jupyter Notebook」では、プログラムなどを記述するファイルを「**ノートブック（Notebook）**」と呼びます。
　新しくプログラムを書くには、まず、「ノートブック・ファイル」を新規に作ります。

　「Jupyter Notebook」では、コマンドプロンプトを起動したときのフォルダがトップフォルダ（「/」）として表示され、そのなかのファイルを操作できます。

　既定のフォルダは、「C:\Users\自分のユーザー名」です。
　図1-16を見ると分かるように、ここには、[Desktop]（デスクトップに相当）、[Documents]（ドキュメントに相当）などのフォルダがあり、それらのフォルダのファイル操作ができます。

　ここでは、[Documents] フォルダに、新しく [example00] というフォルダ
を作り、そのなかに「example」という名前のノートブックを作り編集できるよ
うにするまでの操作を説明します。

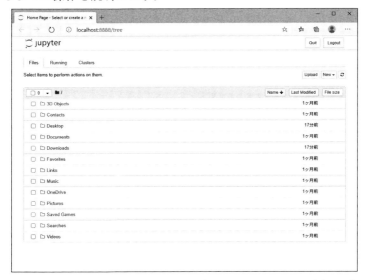

図1-16　Jupyter Notebookの起動画面（フォルダ・ファイルの選択画面）

【メモ】

> 「C:¥Users¥自分のユーザー名」の配下ではないフォルダを編集したい場
> 合は、コマンドプロンプトで「jupyter notebook」を実行する前に、「cd 移動
> 先のフォルダ名」を実行して、操作するフォルダを変えておきます。

コラム　間違えてブラウザを閉じてしまったときは

> 　間違えてブラウザを閉じてしまったときは、コマンドプロンプトに
> 表示されているURLをコピーして、ブラウザで開いてください。

■操作対象のフォルダを作る

まずは、操作対象のフォルダ [example00] を、[Documents] フォルダのなかに作成してみましょう。

手 順 Documentsフォルダのなかにexample00フォルダを作る

[1] [Documents] フォルダに移動する

[Documents] フォルダをクリックして、そのなかに移動します(図1-17)。

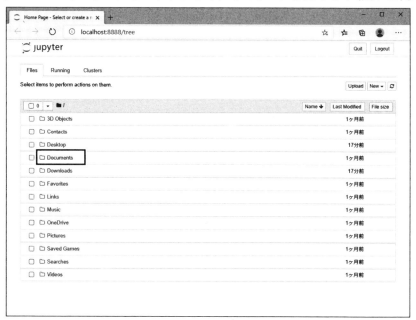

図1-17 [Documents]フォルダをクリックして開く

【2】 新規フォルダを作成する

[New]―[Folder]を選択し、新規フォルダを作成します(図1-18)。

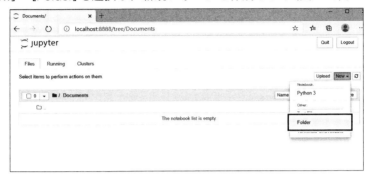

図1-18　フォルダを新規作成する

【3】 フォルダの名前を変更する

「Untitled Folder」という名前のフォルダが作られます。チェックを付けると
メニューボタンが表示されるので、[Rename]をクリックします(図1-19)。

図1-19　作成した[Untitled Folder]にチェックを付け、[Rename]をクリック

【4】 フォルダ名を付ける

フォルダ名を尋ねられるので「example00」という名前に変更します(図1-20》。

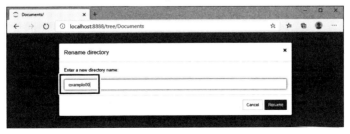

図1-20　名前を変更する

[5]　example00フォルダに移動する

　example00フォルダができました。次節で、このなかに新規ノートブックを作りたいので、クリックして、このフォルダのなかに移動します。

図1-21　作成したexample00フォルダをクリックして開く

■新規ノートブックを作る

　操作するフォルダを作ったら、新規ノートブックを作ってみましょう。
ここでは「example」という名前のノートブックを作ります。

手　順　「example」という名前のノートブックを作る

[1]　Python 3のノートブックを作る

　[New]をクリックし、[Python 3]を選択して、Pythonでプログラムを書けるノートブックを新規作成します（**図1-22**）。

図1-22　Python 3のノートブックを新規作成する

[2] 名前を変更する

ノートブックが作られます。ブラウザで新しいタブが開き、編集できるようになります。

作成直後は、「Untitled」という名前です。ここをクリックすると名前を変更できるので、「example」に変更します（図1-23）。

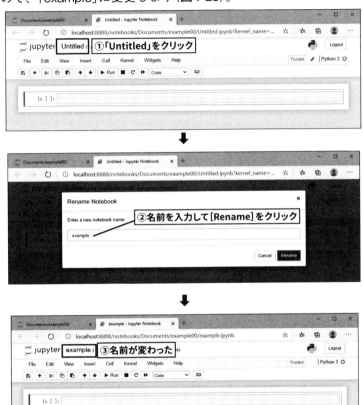

図1-23　ノートブックの名前を変更する

■セルにプログラムを書いて実行する

これでプログラムを書けるようになりました。

最初に「In [ ] :」と書かれた入力欄があります。
ここに、プログラム（もしくはテキスト）を記述します。

全体の操作ボタンや操作メニューの意味は、**図1-24**の通りです。

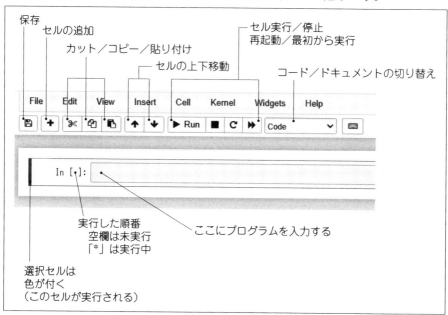

図1-24　Jupyter Notebookの基本操作

実際に、簡単なプログラムを実行してみましょう。

手　順　簡単なプログラムを実行する

[1]　セルにプログラムを入力する

セルにプログラムを入力します。

ここでは、次に示すPythonのプログラムを入力します（図1-25）。

これは画面に「Hello Notebook」と表示するサンプルです。

【メモ】

ここでは1行しかプログラムを入力していませんが、1つにセルに、プログラムは何行でも記述できます。

```
print("Hello Notebook")
```

図1-25　プログラムを入力する

[2]　実行する

そのセルをクリックして選択した状態にして（今はひとつしかセルがないので、どこを選択してもあまり関係ありませんが）、[Run]ボタンをクリックします（図1-26）。

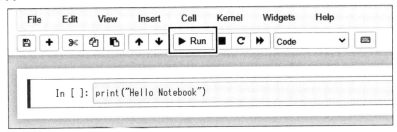

図1-26　[Run]ボタンをクリックする

[3]　結果が表示される

プログラムが実行され、その下に、実行結果が表示されます。

実行した後は、次のようになる点に注目しましょう（図1-27）。

①実行した順序番号が表示される

実行したセルは、「In [1]:」のように、「1」という実行順序が表示されます。

ちなみに、もう一度 [Run] ボタンを押して再実行することもでき、その場合は、「2」「3」…のように、数が増えていきます。

【メモ】

処理中は、「[*]」と表示されます。

処理に時間がかかるようなプログラムを実行したときは、それを確認することで、実行中かどうかを判断できます。

②セルが増える

下にもうひとつ、新しいセルが増えます。

必要なければ ✖ ボタン（カット）をクリックして削除することもできます。

図1-27　実行結果

■ノートブックの保存

これでひとまず、「Jupyter Notebook」の基本的な使い方は終わりです。

保存しておきましょう。保存するには、[File] メニューから [Save and Checkpoint] を選択します。

【メモ】

あるいは、[Ctrl] + [S] キーを押すことでも保存できます。

1-4 Jupyter Notebookの便利な使い方と注意

さきほど説明したように、基本的には、①セルにプログラムを入力する、②[Run]ボタンをクリックして実行する、という流れでプログラムを入力したり実行したりを試せるのが、「Jupyter Notebook」です。

ほかにも便利な操作があるので、簡単に紹介しておきます。

■セルの追加や入れ替え

[+]ボタンをクリックすると、現在選択しているセルの下に、セルを追加できます。また[↑]と[↓]のボタンをクリックすることで、セルを上下に移動できます。

■実行順序と過去の実行結果の保存

セルに入力したプログラムは、[Run]ボタンをクリックすると実行されますが、このとき、「これまで実行しておいた内容」は、クリアされません。

たとえば、3つのセルがあり、それぞれに次のプログラムを入力したとします。

① 　a = 1

② 　a = a + 1

③ 　print(b)

これは、それぞれ「変数aに1を代入」「変数aに1加える」「変数aを表示」するプログラムです。

①から順に、[Run]をクリックして実行すれば、最後の③の結果は「2」になります。このように、「セル間での変数の内容」は、保持されます（**図1-28**）。

図1-28　複数のセルにプログラムを入力し、上から順にひとつずつ[Run]で実行したところ

[メモ]

> 変数に限らず、すべての状態が保持されます。
> たとえば、import文を実行してライブラリを読み込んだなどの状態も保持されます。

「Jupyter Notebook」では、セルをクリックして選択状態にして[Run]をクリックすれば、順序通りでなくとも、しかも、何度でも実行できる点に注意してください。

②を除外した、①③の順で実行したときは、結果は「1」になります。

また、②のセルを[Run]ボタンを何度もクリックして実行すれば、変数「a」の値は、どんどん増えていきます。

■プログラムの強制停止とカーネルのリセット

このように「Jupyter Notebook」では、[Run]で実行した内容は蓄積されます。しかし、すべてをクリアして、最初からやり直したいこともあるでしょう。

そのときは、 C ボタン（カーネルのリセット）をクリックします。
カーネルとは、プログラムを実行しているPythonの実行エンジンのことです。
カーネルをリセットすれば、実行状態は初期化されます。

また、 ▶ ボタン（カーネルのリセットと全実行）をクリックすると、カーネルをリセットした上で、先頭からすべてのプログラムを順にまとめて実行できます。

ときには、時間がかかりすぎるなどの理由で、セルで実行しているプログラムを強制終了したいこともあるかも知れません。その場合は ■ ボタン（カーネルの停止）をクリックします。

【メモ】

> プログラムを実行中は、「In [*]」のように表示されます。「*」になって、なかなか終わらないようであれば、■ボタンをクリックして、停止するとよいでしょう。
>
> ただし、機械学習のプログラムや、後述のライブラリのインストールなどのように、本書では、実行に数分かかる例もあります（それらには、「実行に時間がかかる」という旨を記載しています）。

コラム　ドキュメントを書く

> 本書では説明しませんが、「Jupyter Notebook」では、プログラム以外にドキュメントも書けます。
>
> ドキュメントを記述するには、[Code] の部分を [Markdown] に変更するとよいでしょう。
>
> マークダウン形式の文法（たとえば、「#」「##」などで見出し、「*」と「*」で囲んで強調、「|」や「-」などで記述して表を書くなど）が使えます（図1-29）。

図1-29　ドキュメントを書く

1-5　ライブラリのインストール

　本書では、「Jupyter Notebook」を使って、さまざまなPythonのプログラム
を書いていきます。

　本書で扱うプログラムでは、さまざまな**ライブラリ**を使います。
　ライブラリとは、「誰かが作ったプログラムのパッケージ」のことで、それを
インストールすることで、画像や動画の処理、計算処理など、Pythonだけで
は実現が難しいことができるようになります。

■ライブラリのインポート

　ライブラリを使うには、まずインポートします。
　たとえば、2章以降で掲載しているプログラムの冒頭の、次のような文が、
インポートです。

```
import os
import glob
import tempfile
import shutil
```

■ライブラリのインストール

　Pythonに付属の標準ライブラリであれば、前述のように「import」を記述す
るだけで利用できます。
　そうでないときは、事前にライブラリをインストールしておかなければなり
ません。

　Pythonのライブラリは、「pipコマンド」でインストールします。

```
pip install パッケージ名
```

と、入力すれば、インストールできます。

　特定のバージョンを指定するときは、

```
pip install パッケージ名=バージョン番号
```
と、記述します。

[メモ]

> アンインストールするには、
> ```
> pip uninstall パッケージ名
> ```
> を、実行します。

■Jupyter Notebookからインストールする

いま述べた「pipコマンド」は、コマンドプロンプトから入力すればよいのですが、それだと、もうひとつコマンドプロンプトを起動するか、「Jupyter Notebook」をいったん停止して、そのコマンドプロンプトで入力してやり直す必要があり、少し、煩雑です。

そこで、「Jupyter Notebook」のセルに、特別なコマンドを入力することで、ライブラリをインストールしてみます。

実は、「Jupyter Notebook」のセルに、先頭に「!」を付けたコマンドを入力して[Run]すると、それをコマンドプロンプトで実行してくれます。

つまり、セルに、
```
!pip install パッケージ名
```
と、入力しておいて[Run]ボタンをクリックすれば、ライブラリをインストールできます。

[メモ]

> 「!」と「pip」の間は、空白を空けません。

■Jupyter Notebookでライブラリをインストールする例

実際にやってみましょう。

ここでは、「2-3　関連する単語を樹形図にする」で利用する「Graphviz」というライブラリをインストールしてみます。
このライブラリ名は「graphviz」です（詳細は、「2-3　関連する単語を樹形図にする」を参照してください）。

手　順　graphvizライブラリをインストールする

[1] 「!pip install」コマンドを入力する
セルに、次のように入力します。

```
!pip install graphviz
```

[2] 実行する
[Run]ボタンをクリックして実行します。しばらく待つと、「Successfully installed ライブラリ名」と表示され、インストールが完了します（図1-30）。

以降は、プログラム中で、「import graphviz」のように記述することで、このライブラリを使えるようになります。

```
In [6]: !pip install graphviz

        Collecting graphviz
          Downloading graphviz-0.15-py2.py3-none-any.whl (18 kB)
        Installing collected packages: graphviz
        Successfully installed graphviz-0.15
```

図1-30　ライブラリをインストールしたところ

「pip」でワーニングが表示されたときは

「pip」でライブラリをインストールしたとき、次のような「WARNING」が表示されることがあります。

これは「pip」のバージョンが古いのが理由です（図1-31）。

```
!pip install graphviz

Collecting graphviz
  Downloading graphviz-0.16-py2.py3-none-any.whl (19 kB)
Installing collected packages: graphviz
Successfully installed graphviz-0.16

WARNING: You are using pip version 20.3.1; however, version 20.3.3 is available.
You should consider upgrading via the 'c:\users\chiro\appdata\local\programs\python\pyt
hon39\python.exe -m pip install --upgrade pip' command.
```

図1-31　警告表示

そのままでも動作に支障ありません。

もし気になるようであれば、次のようにしてpipをアップデートすれば、ワーニングが表示されなくなります。

手　順 **pipをアップデートする**

[1]　コマンドプロンプトを管理者で開く

[スタート]メニューから「コマンドプロンプト」を右クリックして、[管理者として実行]を選択します（図1-32）。

図1-32　コマンドプロンプトを管理者として実行する

[2]　pipをアップデートする

開いたコマンドプロンプトで、次のように入力してpipをアップデートします。

```
python -m pip install --upgrade pip
```

1-6　　　　Jupyter Notebookの終了

最後に、「Jupyter Notebook」の終了方法を説明しておきます。

■ノートブックを閉じる

ノートブックを閉じるには、[File]メニューから[Close and Halt]をクリックします。

すると実行中のプログラムは終了し、ノートブックを開いているブラウザのタブが閉じます(**図1-33**)。

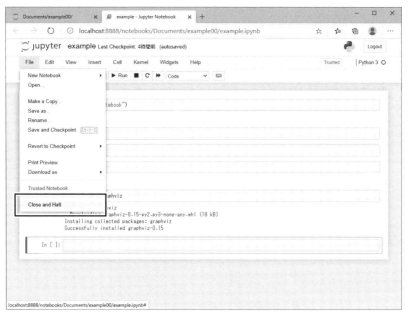

図1-33　Jupyter Notebookを閉じる

■Jupyter Notebook自体を終了する

「Jupyter Notebook」自体を終了するには、次のようにします。

手　順 Jupyter Notebookを終了する

[1] ブラウザを閉じる

「Jupyter Notebook」を開いているブラウザを閉じます。

[2] Jupyter Notebookを終了する

「Jupyter Notebook」を起動したコマンドプロンプト上で、[Ctrl] + [C] キーを押します。

すると、「Jupyter Notebook」が停止します（図1-34）。

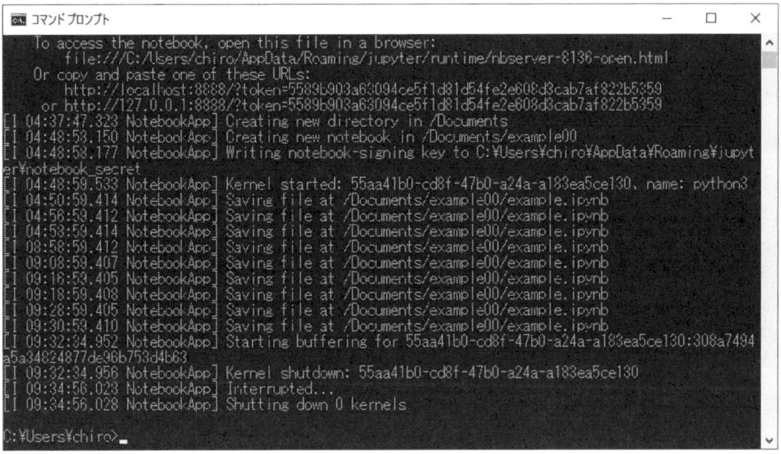

図1-34　Jupyter Notebookを停止したところ

[3] コマンドプロンプトを閉じる

コマンドプロンプトのウィンドウ右上の[×]ボタンをクリックして、コマンドプロンプトを閉じます。

1-7　本書を読み進めるに当たって

　本書では、2章から、それぞれ「Jupyter Notebook」を使って簡単で実用的なプログラムを作っていきます。

　これらのプログラムは、順不同です。

　興味があるところ、やってみたいところから読んでみてください。

　それぞれのプログラムを実際に入力して試すには、この章で説明したように、次のような操作をしてください。

①フォルダを作って新規ノートブックを作る

　「Jupyter Notebook」でフォルダを作り（たとえば、2章1節なら「2-01」など）、そのなかに、適当な名前のノートブック（たとえばexampleやnotebookなど）を作ります。

②ライブラリのインストール

　それぞれのプログラムでは、インストールが必要なライブラリの記載があります。ライブラリを使う旨の記載があるときは、最初に、ノートブックに、「!pip install ライブラリ名」を入力して、[Run]することで、ライブラリをインストールします。

[メモ]

> 　ライブラリのインストールは、1回だけ実行すれば十分です。
>
> 　他の節で使っていて、すでにインストールしたのと同じライブラリを使う場合、この操作は省略できます。

③プログラムを書いて実行する

　本書に掲載されているプログラムをセルに入力し、[RUN]で実行します。

　なお、一部のプログラムは、プログラムの実行前にデータのファイルを置くなど、事前準備が必要なものもあります。

　それらは記載されている方法に従ってください。

第**2**章

仕事・ファイルの整理

この章では、ファイル操作などを中心に、仕事に役立つプログラムを紹介します。

2-1　ファイルをナンバリングしよう

　写真や画面を扱っていて、不要なファイルを削除して整理したあと、最後に連番にしたい場面があります。

　そこで、ファイルを古い順にナンバリングしてリネームするプログラムを作っていきます。

【レシピ】

```python
import os
import glob
import tempfile
import shutil

# 対象フォルダ
os.chdir(r"C:\Users\myfolder")
files = glob.glob("*.*")
files2 = sorted(files, key=os.path.getmtime)

with tempfile.TemporaryDirectory() as tmp:
    for f in files2:
        shutil.move(f, tmp + "\\" + f)
```

```
i = 1
for f in files2:
    base, ext = os.path.splitext(f)
    newfilename = "{:03d}".format(i)  + ext
    shutil.move(tmp + "¥¥" + f, newfilename)
    i = i + 1
```

事前準備

「C:¥Users¥myfolders」に適当なファイルを置きます。

フォルダの場所は、プログラムの7行目で変更できるので、適当なものに変更してください。

⚠ 注意

> このフォルダに置いたファイルは、実行後、「001」「002」…のようにリネームされます。重要なファイルを置かないように注意してください。

使用するライブラリ

標準ライブラリのみ。pipでインストールすべきものはありません。

レシピを実行したときの挙動

置いたファイルが「001」「002」など、古い順の連番に変わります。
「.拡張子」は元のファイルと同じもの(たとえば「.txt」や「.jpg」など)になります。

■ファイル一覧の取得

ファイル一覧を取得するには、「globモジュール」を使うのが簡単です。

このモジュールは、Pythonの標準モジュールなので、事前に追加でインストールしておく必要はありません。

「os.chdir」で操作したい「フォルダ」(ディレクトリ)に移動し、「glob」で「ファイル一覧」を取得します。

glob の引数に「*.*」を指定すれば、すべてのファイルを取得できますが、「*.jpg」などを指定して、「.jpg だけを取得する」など、「ワイルド・カード」での取得もできます。

【メモ】

> ここでは、「C:¥Users¥myfolder」に移動しています。
> このフォルダは、皆さんの環境に合わせて、たとえば、「C:¥Users¥ユーザー名¥Documents¥適当なフォルダ」としてください。
> ただし、ここに置いたファイルは、実行後リネームされるので、重要なファイルを置いていないフォルダを指定するようにします。

【メモ】

> ここで「os.chdir」の引数に指定している文字列は、「r"フォルダ名"」としているのもポイントです。
>
> こうすると、パスの区切りを示す「¥文字」を、そのまま書けます。
> (r"" ではなく "" を使って単なる文字列にすると、エスケープの対象になるので「¥¥」と重ねて書かなければなりません)

```
# 対象フォルダ
os.chdir(r"C:¥Users¥myfolder")
files = glob.glob("*.*")
```

■更新日の古い順でソート

上記で取得したファイル一覧「files」をソートします。
ソートには、「sorted」を使います。

```
files2 = sorted(files, key=os.path.getmtime)
```

「sorted」では、「key=」の引数で、並べ替え順序を指定する関数を指定します。

ここでは、「os.path.getmtime」を指定しています。これは更新日時を取得する関数です。
この関数が返す値の小さい順で並べ替えられるため、「古い順」に並びます。

■一時フォルダに移動

リネームに先立ち、一度、別のフォルダに移動します。
そうしないと、予期しない上書きによって、「すでに変更したファイル名を、さらに変更してしまう」ということが起こりうるからです。

ここでは、いったん、すべてを一時フォルダ(一時ディレクトリ)に移動して、それから、リネームするようにしています。

一時フォルダを作るには、「tempfile.TemporaryDirectory」を使います。
「with」で囲むことで、プログラムが終了したときは、作った「一時ディレクトリ」を破棄(削除)します。

```
with tempfile.TemporaryDirectory() as tmp:
    # いったん全部移動
    for f in files2:
        shutil.move(f, tmp + "¥¥" + f)
```

■ナンバリングして書き戻す

これで一時ディレクトリに、全ファイルが移動したので、このファイル群を、ナンバリングしながら、元のフォルダに戻します。

ここでは先頭から順に、「001」「002」…のようにしてみました。次のようにして連番を生成できます。

```python
i = 1
for f in files2:
    base, ext = os.path.splitext(f)
    newfilename = '{:03d}'.format(i)  + ext
    i = i + 1
    print(newfilename)
```

ファイル名を「ファイル名」と「拡張子」とに分けるには、「os.path.splittext」を使います。

また、「001」「002」など、「0埋め」して書式化するには、「formatメソッド」を使います。

＊

ちなみに、先頭に何か指定の名前を付けるのも簡単です。

たとえば、

```python
newfilename = 'IMG_{:03d}'.format(i)  + ext
```

のようにすれば、「IMG_001.jpg」「IMG_002.jpg」…と、できます。

2-2 　　　デスクトップを整理しよう

　Windowsのデスクトップ画面は、「ちょっとファイルを置く」のに便利です。
　しかし、そうした使い方をしていると、古くてもう使っていないファイルが、そのまま放置されがちです。

　そこで、「デスクトップの使われていないファイルを、フォルダ分けする」というプログラムを作ってみます。

【レシピ】

```
import glob
import shutil
import os
import time

# ファイルの一覧を取得
path = os.path.join(os.path.expanduser("~"), "Desktop")
files = glob.glob(path + "/*")

# 現在の日時をUNIXタイムスタンプで取得
```

```
now = time.time()

# 3ヶ月前、6ヶ月前、1年以上前などの分類定義
categories = [
    {"time" : now - 60 * 60 * 24 * 30 * 3, "foldername" :
"ago_3month"},
    {"time" : now - 60 * 60 * 24 * 30 * 6, "foldername" :
"ago_6month"},
    {"time" : now - 60 * 60 * 24 * 30 * 12, "foldername" : "ago_
year"},
]

# タイムスタンプの小さい順で並べ替え
categories = sorted(categories, key=lambda x:x["time"])

# フォルダを作る
for c in categories:
    os.mkdir(os.path.join(path, c["foldername"]))

# ファイルの分類処理
for f in files:
    # ファイルの情報を取得
    statinfo = os.stat(f)
    # 最終アクセス日時
    atime = statinfo.st_atime
    for c in categories:
        if c["time"] > atime:
            # 移動
            if os.path.isdir(f):
                shutil.move(f, os.path.join(path, c["foldername"]))
            break
```

事前準備

デスクトップに適当なファイルを置いておきます。

⚠ 注意

デスクトップに置いたファイルは、最終アクセス日（利用日）に応じて、
「ago_3month」「ago_6month」「ago_year」の3フォルダに移動します。
重要なファイルを置かないように注意してください。

使用するライブラリ

標準ライブラリのみ。pipでインストールすべきものはありません。

レシピを実行したときの挙動

置いたファイルが、最終アクセス日（利用日）に応じて、「ago_3month」「ago_6month」「ago_year」の3フォルダに移動します。

■ファイルの一覧を取得する

デスクトップのフォルダは、次のように「環境変数」を使って取得できます。

```
path = os.path.join(os.path.expanduser('~'), "Desktop")
```

このフォルダに対してglobすると、ファイル一覧をリストとして取得できます。

```
files = glob.glob(path + "/*")
```

■日付の「比較リスト」の作成

ファイルを「3ヶ月前」「6ヶ月前」「1年前」で分類分けしたいので、そのための「比較リスト」を、次のようにして作ります。

手 順 「比較リスト」の作成

[1] 「現在日時」を取得する

まず、現在日時を取得します。

これは、「1970年」を起点とした1秒単位の値で、「UNIX時間」や「エポック秒」と呼ばれる値です。

```
now = time.time()
```

[2] 比較リストを作る

[1]で取得した現在の日時を基準にして、「3ヶ月前」「6ヶ月前」「1年前」の時刻と、そのフォルダ名を、下記のように日付比較リストとして用意します。

ここでは、話を簡単にするため、「●ヶ月前」は月末の日を計算せず、単純に、「3×30日前」「6×30日前」「12×30日前」としました。

```
categories = [
    {'time' : now - 60 * 60 * 24 * 30 * 3, 'foldername' : 'ago_3month'},
    {'time' : now - 60 * 60 * 24 * 30 * 6, 'foldername' : 'ago_6month'},
    {'time' : now - 60 * 60 * 24 * 30 * 12, 'foldername' : 'ago_year'},
]
```

[3] ソートしておく

後続の処理では、「timeで定義されている値よりもファイルのアクセス日時が小さいか」によって、「timeよりも前にアクセスされていないこと」を調べ、そのフォルダに移動するようにします。

この値は、「小さいもの」から振り分けないといけないので、「小さいもの順」であらかじめソートしておきます。

```
categories = sorted(categories, key=lambda x:x['time'])
```

もし「1年前」「6ヶ月前」「3ヶ月前」の順で処理せず、「3ヶ月前」から先に処理すると、「6ヶ月や1年以上アクセスしていないファイル」も、「3ヶ月以上前」という条件に引っかかります。

そのため、それらを含んだ、「3ヶ月以上アクセスしていないすべてのファイル」が移動の対象となってしまいます。

■仕分けのフォルダを作る

いま作成した「日付比較リスト」には、仕分け先のフォルダ名を設定しています。このフォルダを、実際に作成します。

```
for c in categories:
    os.mkdir(os.path.join(path, c['foldername']))
```

■ファイル時刻の取得

取得しておいたデスクトップのファイル一覧を、ループ処理します。

```
for f in files:
    ファイルの処理
```

ファイルの「時刻」は、次のように「**stat関数**」で取得できます。

```
statinfo = os.stat(f)
```

「stat関数」は、「ファイルの種類」「ファイルサイズ」「所有者」「アクセス日時」など、さまざまな情報を返します。

ファイルの「日時」に関するものは、次の3つです。

> ST_ATIME：最終アクセス日時
> ST_MTIME：最終変更日時
> ST_CTIME：作成日時

今回は、「しばらく開いていないファイル」を対象にしたいので、最終アクセス日時に相当する「ST_ATIME」の値を使います。

```
atime = statinfo.st_atime
```

■フォルダの移動

この「日時」を「現在日時」と比較して、フォルダ分けします。

移動には、「**shutil.move関数**」を使います。

```
shutil.move(f, os.path.join(path, c['foldername']))
```

2-3　　　関連する単語を樹形図にする

　ある「語句」に関連する単語を一覧で見ることができると、新しい発想やアイデア、気づきが見えてくることがあります。

　そこで、「Googleサジェスト機能」を使って、「ある語句と関連する語句」を、樹形図として描画するプログラムを作ってみます。

【レシピ】

```python
from graphviz import Digraph
from urllib.request import Request, urlopen
import xml.etree.ElementTree as ET
import urllib

# メインのキーワード
MAINKEYWORD = "G20"

# Googleサジェストからキーワードを得て描画する
def drawSuggest(g, keyword, nest):
    # 3階層で打ち切り
    if nest > 2:
        return

    # Googleに接続してXMLデータを読む
    url = "http://www.google.com/complete/search?ie=utf-8" ¥
          "&oe=utf-8&hl=ja&output=toolbar&q=" ¥
          + urllib.parse.quote_plus(keyword, encoding="utf-8")
    xml = urlopen(Request(url)).read()

    # ノードとして追加する
    if nest != 0: g.node(keyword, keyword)
    l = 0
    for child in ET.fromstring(xml):
        # 取得したキーワード
        k = child[0].attrib["data"]
        if (k.upper() == keyword.upper()):
            continue
        g.node(k, k)
        g.edge(keyword, k)
        drawSuggest(g, k, nest + 1)

        # 横方向は「2単語」までに制限
        l = l + 1
        if l >= 2:
            break

# 樹形図を描く
g = Digraph(format = 'pdf') # pngも可
g.attr('node', shape='ellipse', fontname="MS Gothic")
drawSuggest(g, MAINKEYWORD, 0)

# 結果出力
g.render('example', view = True)
```

事前準備

「Graphviz」のインストールが必要です。
次のようにしてインストールします。

手　順 **Graphvizのインストール**

[1] ダウンロードページを開く
「Graphviz」のダウンロードページを開きます。

【Graphvizのダウンロードページ】

https://www.graphviz.org/download/

[2] ダウンロードする
　ダウンロードページを下方向にスクロールすると、「Windows」の項目があります。
　このなかの、[Stable Windows install packages]をクリックします（図2-1）。

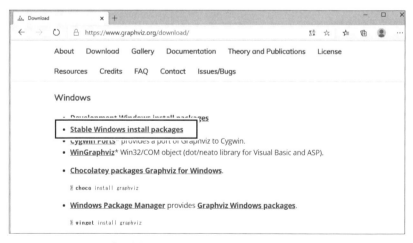

図2-1　[Stable Windows install packages]をクリック

[3] ダウンロードする

この先の階層が深くて難しいのですが、[10] — [msbuild] — [Release] — [Win32]を辿って、[graphviz-2.44.1-win32.zip]をクリックしてダウンロードします(図2-2)。

https://www2.graphviz.org/Packages/stable/windows/10/msbuild/Release/Win32/

※本書を読んでいる頃には、バージョンアップのため、ファイル名は変わっているかも知れません

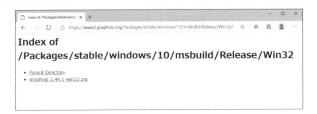

図2-2 「graphviz-2.44.1-win32.zip」をクリックしてダウンロードする

[4] 展開してノートブックと同じフォルダに置く

手順[3]でダウンロードしたZIPファイルを展開します。

展開すると「bin」というサブフォルダに、「Graphviz」を構成するファイル一式が含まれています。

含まれているファイルすべてを、ノートブックと同じフォルダに置きます(binのサブフォルダではなく、直接、ノートブックと同じ階層に置いてください)。

[メモ]

ノートブックとは別のフォルダに置いて、PATH環境変数を設定する方法でもかまいません。

使用するライブラリ

下記のライブラリが必要です。

● graphviz

さまざまなグラフを描ける「Graphviz」を、Python から利用するためのライブラリ。

```
!pip install graphviz
```

レシピを実行したときの挙動

7行目で指定している「G20」をキーワードとして検索し、それに関連する樹形図を「example.pdf」というファイルとして出力します。

「example.pdfファイル」は、たとえば、図2-3のようになります（Google サジェストを使っているため、実行時期によって、異なる結果になります）。

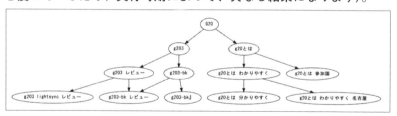

図2-3　生成した樹形図の例

コラム　エラーで動かないとき

下記のように「FileNotFouondError」が表示される場合は、「Graphviz」本体をノートブックと同じフォルダに配置していない可能性があります（図2-4）。

```
FileNotFoundError                         Traceback (most recent call last)
c:\users\chiro\appdata\local\programs\python\python39\lib\site-packages\graphviz\backend.py in run
(cad, input, capture_output, check, encoding, quiet, **kwargs)
   163     try:
--> 164         proc = subprocess.Popen(cmd, startupinfo=get_startupinfo(), **kwargs)
   165     except OSError as e:
```

図2-4　エラーが発生したとき

■「Googleサジェスト」を使った検索

「GoogleサジェストAPI」は、下記の書式のURLで呼び出せます。

```
http://www.google.com/complete/search?ie=utf-8&oe=utf-
8&hl=ja&output=toolbar&q=検索語句
```

この書式でアクセスすると、次の形式の「XMLデータ」が戻ってきます。

```
<toplevel>
  <CompleteSuggestion><suggestion data="語句1"></CompleteSuggestion>
  ...
</toplevel>
```

プログラムでは、これを「xml.etree.ElementTree」を使ってパースし、Graphvizの「樹形図」として描画しています。

■樹形図のオブジェクト構造

「Graphviz」で樹形図を描くには、まず、次のようにしてオブジェクトを生成します。

[メモ]

> ここでは「pdf」を指定していますが、「png」を指定することで、PNG形式にもできます。

```
g = Digraph(format = "pdf")
```

そして、「nodeメソッド」で「点」となる部分を、「edgeメソッド」で「矢印」を描きます。

```
g.node(名称 , 表示名称)
g.edge(始点名称 , 終点名称)
```

たとえば、次のようにすると、図2-5に示す簡単な「樹形図」が作れます。

```
f = {'果物' : ['リンゴ', 'ミカン', 'バナナ']}
for k, values in f.items():
    g.node(k, k)
    for v in values:
        g.node(v, v)
        g.edge(k, v)
g.view()
```

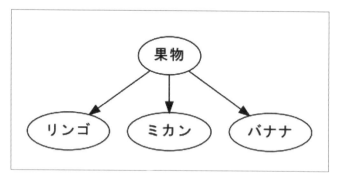

図2-5　簡易な樹形図の例

「レシピ」として紹介したプログラムでは、Googleサジェストの結果として戻ってきた「XML形式のデータ」を、上記のような「Graphvizが求めるデータ構造」に変換して、描画しています。

■Graphvizを使った描画

描画するには、「view」や「render」を使います。「view」を使うと、その場で表示、「render」を使うと、ファイルとして書き出せます。

```
g.render('example', view = True)
```

ここでは、「楕円の樹形図」を作りましたが、「四角形」や「円」「フローチャート」「ヒートマップ」などさまざまな「グラフ図」が描けます。
ぜひ、活用してみてください。

2-4 サイトの最新情報を確認する──①単純比較

　ニュース・サイトなどから、新着情報の有無を確認したいときに、サイトがたくさんあると、けっこうな作業量になります。

　そこで、サイトが更新されているかを自動的に調べるプログラムを作ってみます。

【レシピ】

```python
import csv, requests, hashlib, os, difflib, sys

# 前回受信データを保存するフォルダ
CACHEDIR = "./cache/"

if not os.path.exists(CACHEDIR):
    os.mkdir(CACHEDIR)

# タイトル<tab>URLの書式のURLリストを読み込む
with open("urllist.txt", "r") as f:
    tsv = csv.reader(f, delimiter = "\t")
    for row in tsv:
```

```
    print(row[0] + "に接続...")

    # 接続して情報を取得
    url = row[1]
    info = requests.get(url)

    # 本文をバイナリで取得
    content = info.content

    # キャッシュするファイル名
    h = hashlib.sha1(url.encode("utf-8")).hexdigest()
    fullpath = os.path.join(CACHEDIR, h)

    # キャッシュを取得して比較
    oldcontent = b""
    if os.path.exists(fullpath):
        with open(fullpath, "rb") as r:
            oldcontent = r.read()
    if content != oldcontent:
        print(row[0] + "(" + row[1] + ")は更新されています")
        diff = difflib.unified_diff(
            oldcontent.decode(
                info.apparent_encoding, "ignore").splitlines(keepends=True),
            content.decode(
                info.apparent_encoding, "ignore").splitlines(keepends=True),
            "旧", "新")
        sys.stdout.writelines(diff)

    # キャッシュに書き込み
    with open(fullpath, "wb") as w:
        w.write(content)

print("完了")
```

事前準備

　ノートブックと同じフォルダに「urllist.txt」を置いておきます。

　これは「サイト名」と「URL」をタブ区切りで示したテキストで、たとえば、次のような内容です。

【urllist.txtの例】

```
工学社          http://www.kohgakusha.co.jp/
朝日新聞        https://www.asahi.com/
GIGAZINE       https://gigazine.net/
```

使用するライブラリ

　下記のライブラリが必要です。

●requests

Webのリクエスト(HTTP/HTTPS)を送信するライブラリ。

```
!pip install requests
```

レシピを実行したときの挙動

　違いが、次のように出力されます。

```
工学社に接続...
工学社(http://www.kohgakusha.co.jp/)は更新されています
--- 旧
+++ 新
@@ -180,6 +180,9 @@
 <TR><TH BGCOLOR="#CC0000">…略…
```

■タブ区切りテキストを読む

このプログラムでは、「urllist.txt」というファイルに、「サイト名」と「URL」をタブ区切りで記述しておくことを想定しています。

```
工学社              http://www.kohgakusha.co.jp/
朝日新聞            https://www.asahi.com/
GIGAZINE          https://gigazine.net/
…略…
```

タブ区切りテキストを読むには、csvモジュールの「reader関数」を使います。

次のようにして読み込むと、「row[0]」にサイト名、「row[1]」にURLが代入されます。

```
tsv = csv.reader(f, delimiter = "¥t")
for row in tsv:
    # 1行ずつ読み込んだ処理
```

■コンテンツをダウンロードする

サイトからコンテンツをダウンロードするには、「requestsモジュール」を使います。

「get関数」で、特定のURLに接続します。

受信データは「contentプロパティ」で取得できます。

[メモ]

「contentプロパティ」はバイナリ・データです。

テキスト・データとして取得したいときは、「bodyプロパティ」を使います。

```
url = row[1]
info = requests.get(url)
content = info.content
```

■比較する

　このプログラムでは、直前にアクセスして取得したデータを、「cacheディレクトリ」に保存しておくようにしています。

　キャッシュのファイル名は、「URLに基づくハッシュ値」としました。

　たとえば、「6f10f83151ff58edb5cac23f746cab4aa84eb1e2」のようなファイル名になります。

```
h = hashlib.sha1(url.encode("utf-8")).hexdigest()
fullpath = os.path.join(CACHEDIR, h)
```

　このファイルを読み込んで比較します。

```
with open(fullpath, "rb") as r:
    oldcontent = r.read()
    if content != oldcontent:
        # 同じではない(つまり新着がある)
```

　ファイルが違うときは、「difflibモジュール」を使って、どこが違うかを表示しています。

```
diff = difflib.unified_diff(
    oldcontent.decode(
        info.apparent_encoding, "ignore").splitlines(keepends=True),
    content.decode(
        info.apparent_encoding, "ignore").splitlines(keepends=True),
    "旧", "新")
sys.stdout.writelines(diff)
```

　例として、結果は次のように表示されます。

```
工学社に接続...
工学社(http://www.kohgakusha.co.jp/)は更新されています
--- 旧
+++ 新
@@ -180,6 +180,9 @@
 <TR><TH BGCOLOR="#CC0000">…略…
```

2-5 サイトの最新情報を確認する──②部分比較

　前節で作成したプログラムは、ページ全体を比較するため、「広告」や「隠されたフォームの値」などが変わっただけでも、「更新された」と判断される点が問題です。

　そこで「HTMLの特定のツリー」だけを比較対象としてみます。

【レシピ】

```
import csv, requests, hashlib, os, difflib, sys

# 前回受信データを保存するフォルダ
CACHEDIR = "./cache/"

if not os.path.exists(CACHEDIR):
    os.mkdir(CACHEDIR)

# タイトル<tab>URLの書式のURLリストを読み込む
with open("urllist.txt", "r") as f:
    tsv = csv.reader(f, delimiter = "\t")
    for row in tsv:
        print(row[0] + "に接続...")
```

```python
    # 接続して情報を取得
    url = row[1]
    info = requests.get(url)

    # 本文をバイナリで取得
    content = info.content

    # キャッシュするファイル名
    h = hashlib.sha1(url.encode("utf-8")).hexdigest()
    fullpath = os.path.join(CACHEDIR, h)

    # キャッシュを取得して比較
    oldcontent = b""
    if os.path.exists(fullpath):
        with open(fullpath, "rb") as r:
            oldcontent = r.read()
    if content != oldcontent:
        print(row[0] + "(" + row[1] + ")は更新されています")
        diff = difflib.unified_diff(
            oldcontent.decode(
                info.apparent_encoding, "ignore").splitlines(keepends=True),
            content.decode(
                info.apparent_encoding, "ignore").splitlines(keepends=True),
            "旧", "新")
        sys.stdout.writelines(diff)

    # キャッシュに書き込み
    with open(fullpath, "wb") as w:
        w.write(content)
print("完了")
```

事前準備

　ノートブックと同じフォルダに「urllist.txt」を置いておきます。

　前節の「サイト名」と「URL」に加えて、最後に「CSSセレクタ」を記述してお
きます。

たとえば、

```
GIGAZINE        https://gigazine.net/  div[class="content"]
```

と、いった内容です。

使用するライブラリ

下記のライブラリが必要です。

●Beautiful Soup

HTMLファイルやXMLファイルを解析するライブラリ。

```
!pip install beautifulsoup4
```

レシピを実行したときの挙動

　urllist.txtに記載したサイトの内容が、前回実行時と変わっているときは、その旨が表示されます。

■前節のプログラムの問題点と解決策

　前節のプログラムでは、「urllist.txt」というファイルに、「サイト名」と「URL」をタブ区切りで記述しておき、「前に取得したデータ」と「今回取得したデータ」とに差があるかどうかを調べることで、コンテンツが更新されたかを判定するものでした。

```
工学社          http://www.kohgakusha.co.jp/
GIGAZINE        https://gigazine.net/
…略…
```

　しかし、サイトによっては、いつも「更新された」と判断されてしまうことがあります。
　これは、「広告が変わる」とか「ランダムな値が差し込まれる」など、HTMLが変わるのが理由です。

たとえば「GIGAZINE」というニュース・サイトでは、HTMLに、

```
<input type="hidden" name="csrf_token"
    value="f6a7b238c5ea7b15d5da0510083aecd8f182cf80" />
```

というような、アクセスするたびにランダムな値が入る欄があります。

【メモ】

これは、「CSRF」(Cross-Site Request Forgeries)と呼ばれる、本来とは別のサイトからのフォームへのリクエストをする攻撃に備えるためのもので、Webサイトでは、しばしば使われる仕組みです。

そのため、単なる比較では、見掛けは変わっていなくても、「いつでも更新された」と判定されてしまいます。
そこで、HTMLの特定のツリー以下だけを判定するようにします。

■ツリーを特定するCSSセレクタ

ツリーを特定するには、いくつかの方法がありますが、ここでは、「CSSセレクタ」という仕組みを使います。

「Chrome」や「Internet Explorer」などのブラウザでは、[F12]キーを押すと、開発者ツールが起動します。
こうした開発者ツールを使って、「コンテンツのHTMLが、どこにあるのか」を調べます。

実際に調べて見ると、たとえば、「GIGAZINE」のサイトでは、コンテンツは、

```
<div class="content">コンテンツ</div>
```

のようなタグに囲まれていることが分かります(図2-6)。

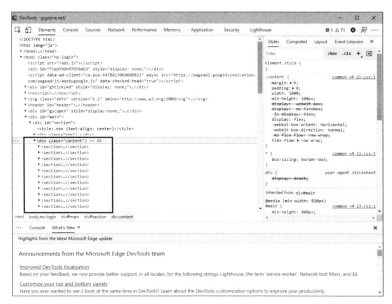

図2-6　開発者ツールを使って、特定のツリーを取り出す

　そこで、この範囲を示す「CSSセレクタ」を「urllist.txt」の末尾に追加して、

```
GIGAZINE        https://gigazine.net/   div[class="content"]
```

のように記述し、このCSSセレクタ以下を取り出して比較するようにします。

■HTMLを部分的に取り出すBeautiful Soup

　HTMLを部分的に取り出すには、「Beautiful Soup」というライブラリを使うのが簡単です。

【Beautiful Soup】

```
https://www.crummy.com/software/BeautifulSoup/bs4/doc/
```

　まずは、「Beautiful Soupオブジェクト」を作ります。引数には、解析したいHTMLを渡します。

```
soup = BeautifulSoup(content, "html.parser")
```

そして「selectメソッド」を呼び出すと、引数に指定した「CSSセレクタ」に合致する部分を取り出せます。

文字列化するには、「**str関数**」を使います。

```
part_content = str(soup.select(row[2]))
```

取得したあとの比較などは、前節のプログラムと同じです。

■Beautiful Soupの使い道

このように、Beautiful Soupを使えば、HTMLの特定の場所を取り出すことができます。

ここでは、HTML全体を取り出しましたが、たとえば、<ul>や<li>などのタグで囲まれた部分をループ処理して取り出せば、箇条書きの部分を1つずつ取り出せます。

また、<table>の<td>や<th>の部分を取り出せば、「表のセルの値をテキスト化する」などの用途にも使えます。

2-6　Excelファイルからラベルを作る

　宛名ラベルは専用のソフトで作れますが、そうしたソフト用にデータを変換したり、マウスで操作したりする必要があり、煩雑でもあります。

　ここでは実行するだけで、宛名ラベルのサイズに合わせた「HTMLファイル」が作れるプログラムを作ってみます。

【レシピ】

```python
import math, numpy as np, pandas as pd
from jinja2 import Template, Environment, FileSystemLoader

# ラベルサイズ(単位はミリ)
paper = {"width" : 210, "height" : 297}
label = {"width" : 48.3, "height" : 25.4}
# 列と行
(w, h) = (4, 11)
c = w * h

# 住所を読み込む
df = pd.read_excel("住所録.xlsx", engine="openpyxl")
```

```python
# ラベル数の倍数に穴埋めする
m = (c - (len(df) % c), len(df.columns))
em = pd.DataFrame(np.full(m, ""), columns=df.columns)
df = df.append(em, ignore_index = True)

# テンプレートの適用
env = Environment(loader=FileSystemLoader(""))
template = env.get_template("label.tpl")
html = template.render({
    "data" : df, "paper" : paper,
    "label" : label,
    "w" : w, "h" : h, "cnt" : c})

# ファイルに書き出し
f = open("label.html","w", encoding="utf-8")
f.write(html)
f.close()
```

【テンプレートファイル(label.tpl)】

```html
<html>
<head>
<style type="text/css">
  @page { margin: 0 }
  body { margin: 0 }
  .sheet { /* 1ページ分の設定 */
    margin: 0;
    overflow: hidden;
    position: relative;
    box-sizing: border-box;
    page-break-after: always;

    /* A4サイズ */
    width: {{paper.width}}mm; height: {{paper.height}}mm;
    padding : 0;
    }

    /* ラベルを構成する表 */
    table.label {
      position: absolute;
      top: 50%;
      left: 50%;
      width: {{label.width * w}}mm;
      height: {{label.height * h}}mm;
      margin: -{{label.height * h / 2}}mm 0 0 -{{label.width * w / 2}}mm;
```

```
      border-collapse: collapse;
      font-family: "MS 明朝";
    }
    /* 1片 */
    table.label td {
      position: relative;
      width: {{label.width}}mm;
      height: {{label.height}}mm;
      margin: 3mm;
      border: 1px solid; /* 実用時は削除 */
      border-color: black; /* 実用時は削除 */
    }
</style>
</head>
<html>
<body>
<section class="sheet">
{% for row in data.itertuples() %}
    {% if (loop.index - 1) % cnt == 0 %}
    <table class="label">
    {% endif %}
    {% if (loop.index - 1) % w == 0 %}
        <tr>
    {% endif %}
<td>
<p>
    {{ row.郵便番号 }}<br>
    {{ row.都道府県 }}{{ row.市区町村 }}<br>
    {{ row.ビル名など }}<br>
    {{ row.氏名 }} {{ row.敬称 }}
</p>
</td>

{% if (loop.index - 1) % w == w - 1 %}
    </tr>
{% endif %}

{% if (loop.index - 1) % cnt == cnt - 1 %}
    </tbody>
    </table>
{% endif %}
{% endfor %}
</section>

</html>
</body>
```

事前準備

①ノートブックと同じフォルダに、「**住所録.xlsx**」という名前のファイルを置いておきます。

内容は、**図2-7**の通りです。

	A	B	C	D	E	F
1	郵便番号	都道府県	市区町村	ビル名など	氏名	敬称
2	123-4567	東京都	新宿区1-2	新宿にゃんこビル	山田太郎	様
3	222-2222	神奈川県	横浜市3-4-5		鈴木次郎	様
4	333-3333	長野県	塩尻市10-11-12		田中三郎	様
5	444-4444	広島県	広島市1-2-3		村山史郎	様
6	555-5555	北海道	札幌市5-6-7		高橋五郎	様
7						

図2-7　住所録.xlsx

②ノートブックと同じフォルダに、上記に記載したテンプレートファイル「label.tpl」を置いておきます。

使用するライブラリ

下記のライブラリが必要です。

● NumPy
数値計算ライブラリ。

```
!pip install numpy==1.19.3
```

> ※バージョンを指定する理由は、Windows10 2004アップデート以降で、「NumPy」の挙動が変わったためです。(詳細はhttps://tinyurl.com/y3dm3h86)

● Pandas
データ処理ライブラリ。

```
!pip install pandas
```

● openpyxl
Excelのファイルを読み書きするライブラリ。

```
!pip install openpyxl
```

●Jinja2

HTML処理でよく使われる、テンプレートライブラリ。

```
!pip install jinja2
```

レシピを実行したときの挙動

　同じフォルダに、住所録をラベル出力した、「label.html」ファイルができます（図2-8）。

　これは、A4サイズに「横4枚×縦11枚」の44片のラベルレイアウトをしたものです。

　ラベルの大きさは、4～8行目の定義で変更できます。
　また、レイアウトは、「label.tpl」で変更できます。

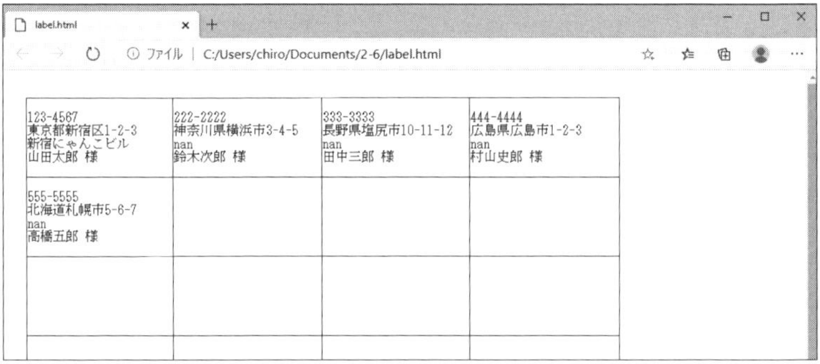

図2-8　生成された宛名ラベル

■「HTML+CSS」でレイアウトする

　宛名ラベルのように「○列×○行」と配置して並べるには、「HTML+CSS」を使います。
　つまり、「<table>タグ」を使ってレイアウトするのです。

　最近のCSSは、印刷時にミリメートル単位で位置を調整できるので、それを使いました。

　Pythonには、「Jinja2」というライブラリがあります。

　主にWebシステムで、HTMLページをテンプレート化するときに使うものです。

　示した「label.tpl」をテンプレートとして用意しておき、ここに必要な値を埋め込んでHTML化します。

■PandasでExcelファイルを読み込む

　Excelファイルを読み込むには、「Pandasライブラリ」を使いました。

　機械学習の分野でデータ処理するのに、よく使われるライブラリで、各種データ計算のほか、Excelファイルを直接扱えます。

　たとえば、次のようにすると、「住所録.xlsx」を読み込めます。

```
df = pd.read_excel("住所録.xlsx", engine="openpyxl")
```

コラム　「xlrdライブラリ」を使う

　ここでは、オプションとして「encine="openpyxl"」を使って、読み込みエンジンに「openpyxl」というライブラリを使いました。
（このライブラリは、あらかじめ、Pandasとは別にインストールしておく必要があります）

　ほかの方法として、「xlrdライブラリ」を使う方法もあります。
　こちらを使う場合は、「engine="openpyxl"」の指定は不要です。
（「pip install xlrd」として、「xlrd」を別途インストールする必要があります）

　ただし、「xlrd」の最新版は、「xlsxファイル形式」のサポートをせず、「xlsファイル形式」しかサポートしません。

■ラベルの数だけ埋める

　読み込んだ住所の数は、「1枚に収まるラベル数の倍数」ピッタリでないと、印刷がズレます。

　そこで、足りない部分を補完します。

＊

　補完するには、「NumPy」という数値計算ライブラリのfullメソッドを使って、次のようにします。

　「NumPy」も、機械学習でよく使われるライブラリです。

```
m = (c - (len(df) % c), len(df.columns))
em = pd.DataFrame(np.full(m, ""), columns=df.columns)
df = df.append(em, ignore_index = True)
```

■HTMLとして出力する

　読み込んだデータを、HTMLとして出力します。

　それには、Jinja2のテンプレートに、読み込んだデータを埋め込みます。

```
env = Environment(loader=FileSystemLoader(""))
template = env.get_template("label.tpl")
html = template.render({
    "data" : df, "paper" : paper,
    "label" : label,
    "w" : w, "h" : h, "cnt" : c})
```

　そして、結果をファイルとして書き込みます。

```
# ファイルに書き出し
f = open('label.html','w', encoding='utf-8')
f.write(html)
f.close()
```

2-7 スピードテストをする

インターネットの速度が遅くて気になる。

そんなときには、「スピードテスト」してみましょう。

　スピードテストは、ブラウザから実行することが多いですが、「Jupyter Notebook」からも実行できます。

【レシピ】

```python
import speedtest

servers = []
s = speedtest.Speedtest()
s.get_servers(servers)
s.get_best_server()
s.download(threads=None)
s.upload(threads=None)
s.results.share()

print(s.results.dict())
```

事前準備

必要ありません。

使用するライブラリ

下記のライブラリが必要です。

●speedtest-cli

「Speedtest」(https://www.speedtest.net/)に接続してスピードテストする。

```
!pip install speedtest-cli
```

レシピを実行したときの挙動

結果がリストとして、次のように出力されます。

実際に計測するので、結果が表示されるまでの間、しばらく時間がかかります。

[計測結果]

```
{'download': 80395360.53326975, 'upload': 90502049.2181515, 'ping':
32.029, 'server': {'url': 'http://lg-tok.fdcservers.net:8080/
speedtest/upload.php', 'lat': '35.1234', 'lon': '137.4567', 'name':
'Tokyo', 'country': 'Japan', 'cc': 'JP', 'sponsor': 'fdcservers.net',
'id': '28910', 'host': 'lg-tok.fdcservers.net:8080', 'd':
109.69756633735199, 'latency': 32.029}, 'timestamp':
'2020-12-14T02:08:10.103303Z', 'bytes_sent': 113385472, 'bytes_
received': 100805796, 'share': 'http://www.speedtest.net/
result/10583003605.png', 'client': {'ip': '111.112.113.114', 'lat':
'35.1234', 'lon': '137.4567', 'isp': 'NTT', 'isprating': '3.7',
'rating': '0', 'ispdlavg': '0', 'ispulavg': '0', 'loggedin': '0',
'country': 'JP'}}
```

■「speedtest-cli」でスピードテスト

ここでは、スピードテストできるライブラリ「**speedtest-cli**」を使いました。

このライブラリを使うと、インターネットの「スピードテストのサイト」に接続し、「ダウンロード速度」や「アップロード速度」を計測できます。

＊

インターネットのスピードテストには、いくつかの種類がありますが、この「speedtest-cli」は、「Ookla」が提供する「Speedtest」(https://www.speedtest.net/) を使ってスピードテストします。

このサイトにアクセスすると、ブラウザからスピードテストできます (**図2-9**)。

「speedtest-cli」は、このテストを「Python」からできるようにしたものです。

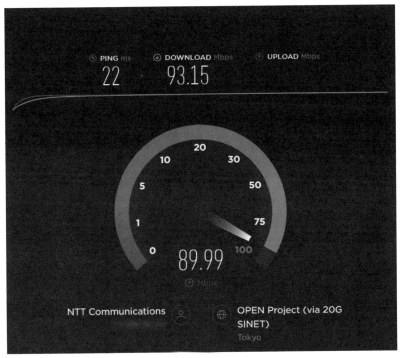

図2-9 「Speedtest by Ookla」で計測したところ

■最寄りのサーバでテストする

「Speedtest」は、世界中に速度計測用のサーバがあり、デフォルトでは、クライアントから最寄りのサーバを対象に計測します。

今回のレシピでは、次のようにして、全サーバの中から、最寄りのサーバを見つけています。

```python
s = speedtest.Speedtest()
s.get_servers(servers)
s.get_best_server()
```

そして、ダウンロードとアップロードを計測します。

```python
s.download(threads=None)
s.upload(threads=None)
```

結果は、次のようにして取得できます。

```python
s.results.share()
print(s.results.dict())
```

■プログラムを使えば日々の速度変化をグラフ化もできる

今回提示したプログラムは、一回だけ実行するものなので、ブラウザで実行したほうが手軽です。

しかし、プログラムとして作れば、何度でも繰り返し実行できます。

時間ごと、日ごとに、定期的にスピードテストして、その変化をグラフとしてまとめる、といったことも、プログラムで作っておけば、簡単にできます。

実際にグラフ化するには、「Matplotlib」を使うとよいでしょう。

第**3**章

画像操作

この章では、写真の分類や図の描画など、画像に関係したプログラムを紹介します。

3-1　写真を仕分けよう

写真がたくさん集まると、その仕分けが大変です。

そこで、機械学習のアルゴリズムを使って、画像を分類するプログラムを紹介します。

【レシピ】

```python
import os, shutil
import numpy as np
from PIL import Image
from sklearn.cluster import KMeans

# originalフォルダのファイルを読み込んで配列データを作る
images = []
filelist = []
for filename in os.listdir("figures/original"):
    # 画像の読み込み
    img = Image.open(os.path.join("figures/original", filename))

    # サムネイルの作成
    resized_img = img.resize((300, 300))
```

```
# 画像データを配列に変換（RGBの配列）
ary = np.asarray(resized_img)

# 1次元の配列に変換
reshaped = ary.reshape(-1)

# 処理対象データとして追加
images.append(reshaped)
filelist.append(filename)

# 処理対象データをNumPyデータに変換する
feature = np.array(images)

# k平均法のモデルを作って4クラスタに分ける
model = KMeans(n_clusters=4).fit(feature)

# 結果ラベル
labels = model.labels_

# destフォルダに分ける
for label, path in zip(labels, filelist):
    os.makedirs(f"./figures/dest/{label}", exist_ok=True)
    shutil.copyfile(f"./figures/original/{path}",
                    f"./figures/dest/{label}/{path}")
```

事前準備

　ノートブックを置いたフォルダ配下に「figures サブフォルダ」を作り、その
なかに、「original」と「dest」の2つのフォルダを作ります。
　「original フォルダ」に、分類したい画像ファイルを置いておきます。

使用するライブラリ

下記のライブラリが必要です。

● NumPy

数値計算ライブラリ。

```
!pip install numpy==1.19.3
```

> ※バージョンを指定する理由は、Windows10 2004アップデート以降で、
> 「NumPy」の挙動が変わったためです。(詳細はhttps://tinyurl.com/y3dm3h86)

● Pillow

画像処理ライブラリ。

```
!pip install Pillow
```

> ※「Pillow」は、開発が中止された「PIL」という画像ライブラリの後継です。
> 　そのためPythonから利用するときは「import PIL」としていますが、インストールするのは「Pillow」なので注意してください。

● scikit-learn

機械学習のライブラリ。

```
!pip install scikit-learn
```

● Matplotlib

グラフを描画するライブラリ(コラムの主成分分析のところで使っています)。

```
!pip install matplotlib
```

> **コラム**　**scikit-learnがインストールできない**
>
> 　本書の執筆時点では、「scikit-learn」がPython 3.9に対応していないため、Python3.9環境ではインストールに失敗します。
> 　もしインストールできないときは、次のように「--pre」オプションを指定して、「プレリリース版」をインストールしてみてください。
>
> ```
> !pip install --pre scikit-learn
> ```

レシピを実行したときの挙動

destフォルダ以下に「0」「1」「2」「3」の4つのサブフォルダが出来、それぞれに似た画像が分類されます。

分割数は、【レシピ】の「n_clusters=4」で変更できます。

■画像の読み込みとサムネイルの作成

画像を読み込むには、「Pillow」を使います。
次のようにインポートします。

```
from PIL import Image
```

すると、次のようにして、画像ファイルを読み込めます。

```
img = Image.open(os.path.join("figures/original", filename))
```

このまま機械学習すると、データ量が多くて時間がかかるので、サムネイルを作って処理します。
ここでは「300pix×300pix」のサムネイルにしました(データ処理が目的なので、縦横比は無視しています)。

```
resized_img = img.resize((300, 300))
```

■配列データ化

画像データを機械学習にかけるため、配列データ化します。
機械学習では、データの表現に「NumPy」というライブラリを使うことが多く、この例でも、「NumPy」を使っています。

```
ary = np.asarray(resized_img)
```

　これはRGBの「3次元の配列」なので、全部をフラットにした「1次元の配列」
に変換します。

```
reshaped = ary.reshape(-1)
```

　そして、これをデータリストとして保存します。

```
images.append(reshaped)
```

　さらにループの最後でもう一度、「NumPy」に変換します。

```
feature = np.array(images)
```

■機械学習する

　今回は分類するために「k平均法」という機械学習を使っています。
　Pythonでは、「sklearn.cluster」に含まれる「KMeans」パッケージを使うと、
簡単に計算できます。
　アルゴリズムは複雑ですが、使うのは簡単です。

　次のように「分割数」(「n_clusters」。ここでは4分割)と、「配列データ」を渡
すだけです。

```
model = KMeans(n_clusters=4).fit(feature)
```

　これで結果が出ます。
　分類結果は、次のように「labels_」として得ることができます。
　この値は、たとえば4分割しているのであれば、「0〜3」のいずれかの値をも
つ配列で、「どのグループに分類されたのか」を示します。

```
labels = model.labels_
```

■フォルダ分けする

得られた結果をフォルダ分けします。

筆者は7枚の写真を用意して実行したところ、**図3-1**のように分類されました。

図3-1　分類された写真の例

何も工夫することなく、画像データを配列にして入れただけですが、意外とそれっぽく、似たような写真に分かれているかと思います。

どのように分類されるのかは写真によって違うので、いろいろと確かめてみてください。

モノクロにしてから入れるなど、前処理をしてから入れれば、その画像の特徴をより強めることもできます。

コラム　k平均法と主成分分析

　「主成分分析」という手法を使うと、データの特徴を、次元を下げて表現できます。

　たとえば、本文中で扱っている画像データは、「300ピクセル×300ピクセル×3（RGB）=270,000」の次元のデータです。

　これを主成分分析で2次元に変換すれば、「2次元のグラフ」として、その特徴を表現できます。

　そのような表示をするサンプルは、次の通りです。
（このプログラムは、本文のプログラムを実行したあとに実行してください）

```python
%matplotlib inline

# 主成分分析
from sklearn.decomposition import PCA
import matplotlib.pyplot as plt

# 2次元に変換する
pca = PCA(n_components=2)
pca.fit(feature)
transformed = pca.fit_transform(feature)

# プロットする
colors = ['red', 'green', 'blue', 'orange']
for i, value in enumerate(transformed):
    filename = filelist[i]
    color = colors[labels[i]]
    plt.scatter(value[0], value[1], c = color)
    plt.annotate(str(labels[i]) + ":" + filename,
xy=(value[0], value[1]))

plt.show
```

筆者が用意した7枚の写真における結果は、**図3-2**のようになりました。

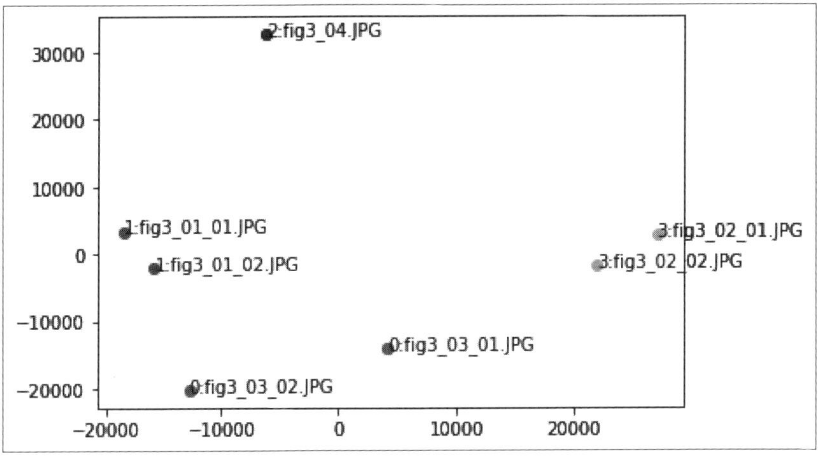

図3-2　主成分分析したところ

このグラフを見ると分かるように、k平均法の分類結果で同じグループに分けられたものは、グラフ上でも近いことが分かります。

今回は「4分割」の例を示しましたが、「3分割」や「5分割」にする、または、「もっと写真数を多くする」「写真のバリエーションを増やす」…などをしたとき、主成分分析の結果のグラフがどうなり、その結果、どのようにグループ化されそうかを見ていくと、機械学習の理解が深まるでしょう。

3-2　曲線に図形を並べる——①ベジェ曲線を描く

　この節と次の節では、曲線に合わせて図形を描画する例を説明します。

　まずは、マウスでドラッグすると、その通りに曲線を描けるようにしてみます。

　ここで扱う曲線は、「ベジェ曲線」と呼ばれるもので、「Adobe Illustrator」などのドロー系ソフトでよく使われる曲線です。

【レシピ】

```
import tkinter

class Bezier:
    def draw(self, p):
        # ベジェ曲線を描く
        delta = 1.0 / 100.0
        t = 0
        x = p[0]["x"]
        y = p[0]["y"]
        for i in range(100):
            x2 = (1 - t) ** 3 * p[0]["x"] + 3 * (1 - t) ** 2 * t *
p[1]["x"] + ¥
                3 * (1 - t) * t ** 2 * p[2]["x"] + t ** 3 * p[3]["x"])
            y2 = (1 - t) ** 3 * p[0]["y"] + 3 * (1 - t) ** 2 * t *
```

```
p[1]["y"] + ¥
            3 * (1 - t) * t ** 2 * p[2]["y"] + t ** 3 * p[3]["y"]

            self.canvas.create_line(x, y, x2, y2, fill="green")
            x = x2
            y = y2
            t += delta

    def drawPoint(self, x, y):
        # 小さな円(ポイント)を描く
        self.canvas.create_oval(x - 3, y - 3, x + 3, y + 3,
            fill="yellow", outline=None)

    def onclick(self, event):
        # 点を打つ
        self.drawPoint(event.x, event.y)
        self.begin = {"x": event.x, "y": event.y}
        self.lineid = None

    def onmove(self, event):
        # 補助線を引く
        if self.lineid != None:
            # 前に引いた補助線を消す
            self.canvas.delete(self.lineid)
        # 点対象の点を求める
        x1 = event.x
        y1 = event.y
        x2 = 2 * self.begin["x"] - x1
        y2 = 2 * self.begin["y"] - y1
        self.lineid = self.canvas.create_line(
            x1, y1, x2, y2, fill="blue")

    def onrelease(self, event):
        # ベジェを確定する
        if self.lineid != None:
            lineid = None
        x1 = event.x
        y1 = event.y
        x2 = 2 * self.begin["x"] - x1
        y2 = 2 * self.begin["y"] - y1

        if len(self.points) == 0:
            self.points.append(self.begin)
            self.drawPoint(self.begin["x"], self.begin["y"])
```

```
            self.points.append({"x" : x2, "y" : y2})
            self.drawPoint(x2, y2)
        else:
            self.points.append({"x" : x2, "y" : y2})
            self.drawPoint(x2, y2)
            self.points.append(self.begin)
            self.drawPoint(self.begin["x"], self.begin["y"])
            self.points.append({"x" : x1, "y" : y1})
            self.drawPoint(x1, y1)

        offset = len(self.points) - 4 - 1
        if (offset >= 0):
            p = self.points[offset:offset+4]
            print(p)
            self.draw(p)

    def init(self):
        self.points = []
        self.begin = None
        root = tkinter.Tk()
        self.canvas = tkinter.Canvas(root, bg = "white",
            width = 800, height = 600)
        self.canvas.pack()
        self.canvas.bind("<Button-1>", self.onclick)
        self.canvas.bind("<B1-Motion>", self.onmove)
        self.canvas.bind("<ButtonRelease-1>", self.onrelease)
        root.mainloop()

b = Bezier();
b.init()
```

事前準備

必要ありません。

使用するライブラリ

標準ライブラリのみ。pipでインストールすべきものはありません。

> ## レシピを実行したときの挙動

　別の真っ白いウィンドウが表示されます（図3-3）。マウスでドラッグすることで、ベジェ曲線を描けます。

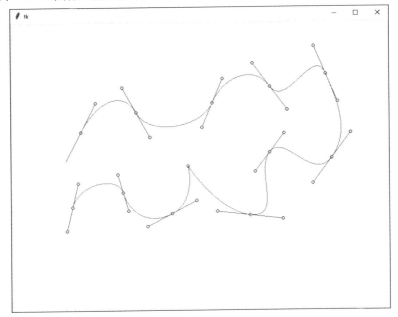

図3-3　新しいウィンドウにベジェ曲線を描ける

■キャンバスに図を描く

　Pythonで「図を描く方法」は、いくつかありますが、ここでは「tkinter」というライブラリを使いました。

　これはPythonに標準で含まれているライブラリなので、pipコマンドを使ってインストールする必要はありません。

● tkinter

https://docs.python.org/ja/3/library/tkinter.html

　「tkinter」を使って描画するには、「Canvasオブジェクト」を作ります。
　ここでは、「80ピクセル×600ピクセル」のキャンバスを作りました。

```
root = tkinter.Tk()
self.canvas = tkinter.Canvas(root, bg = "white",
    width = 800, height = 600)
self.canvas.pack()
```

　マウスのボタンがクリックされたときや、マウスが動いたときなどにプログラムを実行するには、次のように「bindメソッド」を実行します。

```
self.canvas.bind("<Button-1>", self.onclick)
self.canvas.bind("<B1-Motion>", self.onmove)
self.canvas.bind("<ButtonRelease-1>", self.onrelease)
```

　これらの関数では、クリックされたりドラッグされたりしたときに、点の位置やベジェの「引っ張り具合」の補助線を引いたりする処理をしています。
　そして最後に、「mainloopメソッド」を実行すると、ウィンドウが表示されます。

```
root.mainloop()
```

■ベジェ曲線を描く

　ベジェ曲線は、下記の式を満たす曲線です。

$$P(t) = \sum_{i=0}^{N-1} B_i J_{N-1,i}(t)$$

$$J_{n,i} = \binom{n}{i} t^2 (1-t)^{n-i} \quad 0 \leqq t \leqq 1$$

　パソコンで図形などを描画するときは、「XY座標(またはXYZ座標)」を「N=4」の4点で構成することが多いです。そこで、「N=4」を代入して、次の式を得ます。

$$x = (1 - t)^3 x_0 + 3(1 - t)^2 t x_1$$
$$\qquad + 3(1 - t)t^2 x_2 + t^3 x_3$$
$$y = (1 - t)^3 y_0 + 3(1 - t)^2 t y_1$$
$$\qquad + 3(1 - t)t^2 y_2 + t^3 y_3$$

　プログラムでは、「draw」という関数で、まさに、この式の通りに計算して、「ベジェ曲線」を描画しています。

```
x2 = (1 - t) ** 3 * p[0]['x'] + 3 * (1 - t) ** 2 * t * p[1]['x'] + ¥
    3 * (1 - t) * t ** 2 * p[2]['x'] + t ** 3 * p[3]['x']
y2 = (1 - t) ** 3 * p[0]['y'] + 3 * (1 - t) ** 2 * t * p[1]['y'] + ¥
    3 * (1 - t) * t ** 2 * p[2]['y'] + t ** 3 * p[3]['y']
self.canvas.create_line(x, y, x2, y2, fill='green')
```

3-3　曲線に図形を並べる──②ベジェ曲線を描く

　前の節で作成した「マウスでベジェ曲線を描くレシピ」に手を加え、描いたベジェ曲線に、等間隔に絵を並べてみます。

【レシピ(抜粋：前節と同じ関数処理は省略)】

```python
import tkinter
from PIL import Image, ImageTk
import math

# 点の数
N = 10

# 分解能
DELTA = 0.01

class Bezier:
    def drawLines(self):
        # 曲線の数
        num = len(self.points) // 4

        # ベジェの長さを得る
        s = 0
        total = 0
        while s < len(self.points) - 3:
            t = 0
            x, y = self.points[0 + s]["x"], self.points[0 + s]["y"]
            while (t <= 1.0):
                x2 = (1 - t) ** 3 * self.points[0 + s]["x"] +  3 * (1
- t) ** 2 * t * self.points[1 + s]["x"] + ¥
                    3 * (1 - t) * t ** 2 * self.points[2 + s]["x"] +
t ** 3 * self.points[3 + s]["x"]
                y2 = (1 - t) ** 3 * self.points[0 + s]["y"] + 3 * (1 -
t) ** 2 * t * self.points[1 + s]["y"] + ¥
                    3 * (1 - t) * t ** 2 * self.points[2 + s]["y"] +
t ** 3 * self.points[3 + s]["y"]
                total = total + math.sqrt((x2 - x) ** 2 + (y2 - y) ** 2)
                x, y = x2, y2
                t = t + DELTA
            s = s + 3

        # これで変数totalに全体の長さの近似値が入っている
        # N等分した場所に画像を描く
        d, s, dx, dy, imageindex = 0, 0, 0, 0, 0
        totalN = total/N
        self.tkimages = []
        while s < len(self.points) - 3:
            x = self.points[0 + s]["x"]
```

```
                y = self.points[0 + s]["y"]
                t = 0
                while (t <= 1.0):
                    x2 = (1 - t) ** 3 * self.points[0 + s]["x"] + 3 * (1 -
        t) ** 2 * t * self.points[1 + s]["x"] + ¥
                        3 * (1 - t) * t ** 2 * self.points[2 + s]["x"] +
        t ** 3 * self.points[3 + s]["x"]
                    y2 = (1 - t) ** 3 * self.points[0 + s]["y"] + 3 * (1 -
        t) ** 2 * t * self.points[1 + s]["y"] + ¥
                        3 * (1 - t) * t ** 2 * self.points[2 + s]["y"] +
        t ** 3 * self.points[3 + s]["y"]

                    dx = dx + (x2 - x)
                    dy = dy + (y2 - y)
                    d = d + math.sqrt((x2 - x) ** 2 + (y2 - y) ** 2)
                    if (d > totalN):
                        dl = math.sqrt(dx ** 2 + dy ** 2)
                        # 傾きを計算し、その向きに回転
                        dx,dy = dx / dl, dy / dl
                        r = math.atan2(dy, dx)
                        self.canvas.create_oval(
                            x - 3, y - 3, x + 3, y + 3, fill="red", outline=None)
                        self.canvas.move(self.images[imageindex], x, y)

                        self.tkimages.append(
                            ImageTk.PhotoImage(
                                self.image.rotate(math.degrees(r))))
                        self.canvas.itemconfig(self.images[imageindex],
                            image = self.tkimages[imageindex],
                            state="normal")
                        imageindex = imageindex + 1

                        d = d - totalN
                        dx, dy = 0, 0
                    x, y = x2, y2
                    t = t + DELTA
                s = s + 3
    …略…

    def init(self):
        self.points = []
        self.begin = None
        root = tkinter.Tk()
        self.canvas = tkinter.Canvas(root, bg = "white",
```

```
            width = 800, height = 600)
    self.canvas.pack()
    self.canvas.bind("<Button-1>", self.onclick)
    self.canvas.bind("<B1-Motion>", self.onmove)
    self.canvas.bind("<ButtonRelease-1>", self.onrelease)
    self.button = tkinter.Button(root,
        text="画像配置", command = self.btnclick)
    self.button.place(x = 0, y = 0)

    # 画像読み込み
    self.image = Image.open("gazo.png")
    self.images = []
    for i in range(N):
        self.images.append(
            self.canvas.create_image(0, 0, state="hidden"))

    root.mainloop()

b = Bezier();
b.init()
```

事前準備

　ベジェ曲線に配置したい画像を「gazo.png」として、ノートブックと同じフォルダに用意しておきます(「Image.open」の引数で変更できます)。

使用するライブラリ

　下記のライブラリが必要です。

● Pillow
画像処理ライブラリ。

```
!pip install Pillow
```

> ※「Pillow」は、開発が中止された「PIL」という画像ライブラリの後継です。
> 　そのためPythonから利用するときは「import PIL」としていますが、インストールするのは「Pillow」なので注意してください。

■レシピを実行したときの挙動

前節と同じく、新しいウィンドウが開き、ベジェ曲線をマウスで描画できます。

［画像を配置］ボタンをクリックすると、描画したベジェ曲線上に、等間隔に「gazo.png」が並びます（**図3-4**）。

サンプルでは10個並べていますが、「N=10」の定義を変更すれば描画数を変更できます。

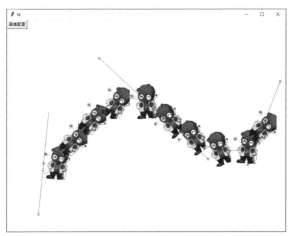

図3-4　ベジェ曲線に沿って画像を並べたところ

■ベジェを等分する

等間隔に画像を並べるため、まずは、「ベジェ全体の長さ」を計算します。

いくつかの計算方法がありますが、ここでは、直線で近似し、三平方の定理で求めています。

(x1, y1)から(x,2, y2)の長さは、「三平方の定理」によって、

```
math.sqrt((x2 - x1) ** 2 + (y2 - y1) ** 2)
```

と、書けます。

そこで、ベジェを描画するアルゴリズムで「t」の値を少しずつ増やして、ベジェ上の点を求め、その点間の長さを上記の式で求めて、足し合わせることで求めました。

```
x2 = (1 - t) ** 3 * self.points[0 + s]["x"] + 3 * (1 - t) ** 2 * t *
self.points[1 + s]["x"] + ¥
    3 * (1 - t) * t ** 2 * self.points[2 + s]["x"] + t ** 3 * self.
points[3 + s]["x"]
y2 = (1 - t) ** 3 * self.points[0 + s]["y"] + 3 * (1 - t) ** 2 * t *
self.points[1 + s]["y"] + ¥
    3 * (1 - t) * t ** 2 * self.points[2 + s]["y"] + t ** 3 * self.
points[3 + s]["y"]

dx = dx + (x2 - x)
dy = dy + (y2 - y)
d = d + math.sqrt((x2 - x) ** 2 + (y2 - y) ** 2)
dl = math.sqrt(dx ** 2 + dy ** 2)
```

■画像を等間隔に並べる

「長さ」が分かれば、描画位置は、ベジェ曲線の数式に、そのときの「t」の値を代入することでわかります。

このとき、図3-4に示したように、画像の向きを曲線の向きに合わせるようにしました。
このときの回転角度は、ベジェの傾きで求めます。

「傾き」は、ベジェ曲線の式を微分することで求められますが、ここでは微分ではなく、別の方法で求めています。
そもそもベジェ曲線を描画するときは、ループ処理で「t」を0.01ずつ動かして、「直線の近似」で描画しています。
そこで、この「近似した直線」の「傾き」を、そのまま画像の「回転角」として採用しています。
「直線の傾き」から「角度」を求めるには、「atan2関数」を使います。

```
# 傾きを計算し、その向きに回転
dx,dy = dx / dl, dy / dl
r = math.atan2(dy, dx)
```

■画像の位置を動かす

求めた「位置」と「角度」に、画像を配置します。

```
self.canvas.move(self.images[imageindex], x, y)
self.tkimages.append(ImageTk.PhotoImage(
    self.image.rotate(math.degrees(r))))
self.canvas.itemconfig(self.images[imageindex],
    image = self.tkimages[imageindex], state="normal")
```

3-4 　輪郭抽出して画像を切り分ける

　全画面キャプチャしたところから、特定のウィンドウだけを切り抜きたいことは、よくあります。

　そこで、「輪郭を抽出して、画面を切り分けるプログラム」を作ってみます。

【レシピ】

```python
import cv2
import matplotlib.pyplot as plt
from matplotlib.patches import Rectangle
%matplotlib inline

# 画像を2値化して領域を切り出す
src = cv2.imread("input.png")
grayed = cv2.cvtColor(src, cv2.COLOR_BGR2GRAY)
r, grayed = cv2.threshold(grayed, 127, 255, cv2.THRESH_BINARY)
c, h = cv2.findContours(
            grayed, cv2.RETR_EXTERNAL, cv2.CHAIN_APPROX_NONE)

# 描画画像を作る
fig, ax = plt.subplots(figsize=(12, 12))
ax.imshow(src)
ax.set_axis_off()

pt = []
for i, cnt in enumerate(c):
    # 領域を取得
    x, y, w, h = cv2.boundingRect(cnt)

    # 小さすぎるものはスキップ
    if w < 100:
        continue

    # 領域を四角形で描く
    ax.add_patch(Rectangle((x, y), w, h,
        color="red", fill=None, lw=2))

    # 輪郭の番号を描画する
    ax.text(x, y, len(pt), color="red", size="16")
    pt.append((x, y, w, h))

# 画像を描画
plt.show()
result = input("どの番号を切り抜きますか？(「*」のときは全部)")

if result == "*":
    numbers = range(len(pt))
else:
    numbers = [int(result)]
```

```
# 切り出し
for n in numbers:
    p = pt[n]
    cv2.imwrite(str(n) + ".png",
        src[p[1] : p[1] + p[3] , p[0] : p[0] + p[2]])
```

事前準備

全画面キャプチャした画像など、処理したい画像を「input.png」というファイル名で、ノートブックと同じフォルダに置いておきます。

使用するライブラリ

● OpenCV
コンピュータビジョンのライブラリ。各種フィルタや輪郭抽出、顔検出などの機能がある。

```
!pip install opencv-python
```

● Matplotlib
グラフを描画するライブラリ。
```
!pip install matplotlib
```

レシピを実行したときの挙動

同フォルダに置いた「input.png」の輪郭が判定され、図3-5のように四角形で囲まれて番号が表示されます。

ここで切り出したい番号を入力すると、それが「PNG形式」のファイル（たとえば「1」なら「1.png」）として、保存されます。
「*」と入力すれば、全部を切り分けることもできます。

図3-5　画像の切り分け

■「OpenCV」による輪郭抽出

　「OpenCV」の「findContours メソッド」を使うと、輪郭抽出できます。
　輪郭抽出は「濃度の差」で判定するため、「グレースケール画像」が必要です。

　そこで、以下の部分で画像を読み込み、それをグレースケールにして輪郭抽
出しています。

```
src = cv2.imread("input.png")
grayed = cv2.cvtColor(src, cv2.COLOR_BGR2GRAY)
r, grayed = cv2.threshold(grayed, 127, 255, cv2.THRESH_BINARY)
c, h = cv2.findContours(
    grayed, cv2.RETR_EXTERNAL, cv2.CHAIN_APPROX_NONE)
```

　輪郭の情報は、上記の変数cに格納されるので、それをループ処理して切り
出します。
　線を囲む「パス（path、多角形）」として抽出できますが、ここでは話を簡単
にするため、外接する四角形を切り出し対象としました。

```
for i, cnt in enumerate(c):
    # 領域を取得
    x, y, w, h = cv2.boundingRect(cnt)
```

「findContoursメソッド」は、細かく切り出すため、画面キャプチャの切り出しのような場面では、画面に映り込んでいるボタン1つ1つまで切り出してしまう可能性があります。

そこで、大きさが一定以下のものは除外するようにしました。

```
# 小さすぎるものはスキップ
if w < 100:
    continue
```

■Jupyter Notebookへの描画

「Jupyter Notebook」に描画するには、「showメソッド」を使います。

```
plt.show()
```

冒頭で、

```
%matplotlib inline
```

という宣言をしているので、「Jupyter Notebook」の結果セルに表示されます(指定しないときは別ウィンドウが開きます)。

そして、「input関数」で、何番を切り出すのかをユーザーに尋ねます。

```
result = input("どの番号を切り抜きますか?(「*」のときは全部)")
```

その範囲を切り抜き、「PNG形式ファイル」として保存します。
保存には、「imwriteメソッド」を使います。

```
v2.imwrite(str(n) + ".png", src[p[1] : p[1] + p[3] , p[0] : p[0] +
p[2]])
```

3-5　画像に秘密の文字を埋め込む

画像に「秘密のメッセージ」を埋め込むプログラムを作ってみます。

秘密のメッセージの埋め込みは、「ステガノグラフィ」と呼ばれ、暗号化の分野の1つです。

> ※本格的なステガノグラフィは、「隠蔽したことを分かりにくくする」「拡大や縮小、トリミングなどの操作に強い」など、さまざまな要素を満たす必要があります。ここでは「画像ファイルに埋め込みたいビット列」を単純に埋め込むだけのものとします。

【レシピ①　暗号化】

```
import struct, hashlib
from PIL import Image

# 埋め込みたいメッセージ
msg = "犯人はヤス。"

# 書き込むデータ列を作る
b_msg = msg.encode('utf-8')                # バイナリに変換
chksum = hashlib.md5(b_msg).digest()       # チェックサム
```

```python
data = struct.pack("L", len(b_msg)) + b_msg + chksum

# 画像に書き込む
img = Image.open("example.png")           # 対象を開く
imgdata = img.convert('RGBA')             # RGBAとして操作
imgsize = imgdata.size                    # サイズを取得
newimg = Image.new('RGBA', imgsize)       # 新しいイメージを作成
newimg.paste(img, (0, 0))                 # コピー


idx = 0
breakflag = False
for y in range(imgsize[1]):
    for x in range(imgsize[0]):
        # ピクセルデータの取得
        (r, g, b, a) = imgdata.getpixel((x, y))
        # 4ビット単位の処理
        if idx % 2 == 0:
            d = data[idx // 2] >> 4
        else:
            d = data[idx // 2] & 0b00001111

        # RGBにビットを埋め込む
        r = (r & 0b11111110) | ((d & 0b1000) >> 3)
        g = (g & 0b11111110) | ((d & 0b0100) >> 2)
        b = (b & 0b11111100) | ((d & 0b0011))

        # 画素を設定
        newimg.putpixel((x, y), (r, g, b, a))

        # インデックスを進める
        idx = idx + 1
        if (idx >= len(data) * 2):
            breakflag = True
            break
    if breakflag:
        break

# 保存
newimg.save("example_enc.png")
```

【レシピ②　復号化】

```python
import struct, hashlib
from PIL import Image

# 画像から読み込む
img = Image.open("example_enc.png")        # 対象を開く
imgdata = img.convert('RGBA')              # RGBAとして操作
imgsize = imgdata.size                     # サイズを取得

idx = 0
m =0
breakflag = False
mode = 0
d = 0
(data, msg, h) = (b'', b'', b'')
md5 = hashlib.md5()


for y in range(imgsize[1]):
    for x in range(imgsize[0]):
        # 画像ピクセルを取得
        (r, g, b, a) = imgdata.getpixel((x, y))

        # 4ビット取得
        d = d | ((r & 0b00000001) << 3)
        d = d | ((g & 0b00000001) << 2)
        d = d | ((b & 0b00000011))

        if m % 2 == 0:
            d = d << 4
        else:
            # バッファに格納
            bin_d = struct.pack('B', d)
            d = 0
            idx = idx + 1

            if mode == 0:
                # 先頭読み込み中
                data = data + bin_d
                if idx == 4:
                    # バイト数を読み終えた
                    datalen = struct.unpack("L", data)[0]
                    mode = 1
                    idx = 0
```

```python
    elif mode == 1:
        # メッセージ読み取り中
        msg = msg + bin_d
        md5.update(bin_d)
        if idx == datalen:
            # 読み終わり
            mode = 2
            idx = 0

    elif mode == 2:
        # ハッシュ
        h = h + bin_d
        if idx == 16:
            # ハッシュを読み終えた
            if md5.digest() == h:
                # ハッシュが正しい。メッセージを表示
                print(msg.decode('utf-8'))
            breakflag = True
    m = m + 1
    if breakflag:
        break
if breakflag:
    break
```

事前準備

メッセージを埋め込む画像として「example.png」というファイルをノートブックと同じフォルダに置いておきます。

使用するライブラリ

下記のライブラリが必要です。

● Pillow
画像処理ライブラリ。

```
!pip install Pillow
```

> ※「Pillow」は、開発が中止された「PIL」という画像ライブラリの後継です。
> そのため、Pythonから利用するときは「import PIL」としていますが、インストールするのは「Pillow」なので注意してください。

レシピを実行したときの挙動

「暗号化のレシピ」を実行したときは、定義したメッセージの「犯人はヤス」が埋め込まれた「example_enc.png」ファイルが作られます。

画像の見た目はまったく変わりません。

「複合化のレシピ」を実行したときは、この「example_enc.png」が複合化され、埋め込まれたメッセージが画面に表示されます。

■人間に気づかれず「メッセージ」を埋め込む

1画素は、「RGB」(赤青緑)で構成され、それぞれ「8ビット」(0〜255)の値です。

この値が少し変わって、たとえば、R(赤)の値が「250」から「251」になっても、人間の目には違いが分かりません。

そこで今回は、埋め込みたいメッセージを「4ビットずつ」に区切り、次のように埋め込むことにしました。

R = 下1ビット

G = 下1ビット

B = 下2ビット

B(青)だけ「2ビット」にしたのは、人間の目は「青の感度」が低いからです。

> ※「青の感度」が低いという点について詳しく知りたい人は、「カラーをモノクロに変換するアルゴリズム」を調べてみてください。

```
# ピクセルデータの取得
(r, g, b, a) = imgdata.getpixel((x, y))
# 4ビット単位の処理
if idx % 2 == 0:
    d = data[idx // 2] >> 4
else:
```

```
      d = data[idx // 2] & 0b00001111

# RGBにビットを埋め込む
r = (r & 0b11111110) | ((d & 0b1000) >> 3)
g = (g & 0b11111110) | ((d & 0b0100) >> 2)
b = (b & 0b11111100) | ((d & 0b0011))
```

```
# 画素を設定
newimg.putpixel((x, y), (r, g, b, a))
```

■データの正当性を「MD5ハッシュ」で確認

　解読することを考えると、「画像にメッセージが隠されているか」「そのメッセージが正しいか」を確認する必要があります。

　そこで、メッセージを「単純なバイト列」として書き込むのではなく、次の3つの構造にして書き込みました。

(1)先頭4バイト：次の(2)のデータの長さ

(2)実際のデータ

(3) (2)の部分の「MD5ハッシュ」の値(16バイト)

　「MD5ハッシュ」を使うことで、データが改ざんされていないかどうかを確認できます。

```
# 書き込むデータ列を作る
b_msg = msg.encode('utf-8')           # バイナリに変換
chksum = hashlib.md5(b_msg).digest()  # チェックサム
data = struct.pack("L", len(b_msg)) + b_msg +  chksum
```

■「復号」して取り出す

復号するときは、(1)の「バイト数」を確認し、そのバイトだけ読み込みながら「MD5」の値を計算していきます。

最後に(3)の部分を読み込んで、計算した「MD5」の値と合致したら、メッセージが埋め込まれていると判断して、データをユーザーに表示するという処理をします。

■「JPEG」ではうまくいかない

今回は「PNG形式」を使っていますが、「JPEG」など、「非可逆圧縮方式」の画像フォーマットでは、うまく動きません。

人間には違いが分からない部分を取り除くので、埋め込んだメッセージが変化してしまうためです。

> ※メッセージを埋め込んだPNG形式の画像をJPEG形式に変換した場合も、メッセージは失われてしまいます。

第4章

音や動画の操作

この章では、音や動画に関連したプログラムを紹介します。

4-1　パソコンで会話する

「音声合成ソフト」を使うと声を出すことができます。

ここでは、男性や女性など、いくつかの種類の声を出せる「Open JTalk」というライブラリを使って、パソコンで会話させてみます。

【レシピ】

```
import subprocess, winsound, tempfile, os
# Open JTalkのコマンド。環境に応じて設定
OPENJTALKDIR= r"C:¥openjtalk¥bin"
# 声ライブラリ
KOE = ["nitech_jp_atr503_m001.htsvoice", "mei_normal.htsvoice"]

def speak(voicetype, filename, msg):
    CMD = r"{dir}¥open_jtalk.exe -m {dir}¥{voicetype} -x {dir}¥..¥dic
-ow {filename}".format(voicetype = KOE[voicetype], filename =
filename, dir=OPENJTALKDIR)
    # パイプで開く
    c = subprocess.Popen(CMD,stdin=subprocess.PIPE)
    # シフトJISに変換して送信
    c.stdin.write(msg.encode("shift-jis"))
    c.stdin.close()
    c.wait()
```

```
# セリフ
voicedata = [
    [1, "これはもしかして、伝説のシチュー？"],
    [0, "わかりますか？"],
    [1, "わかりますとも"],
    [0, "そうですよね。ハヤシライスですもの"]
]

n = 0
with tempfile.TemporaryDirectory() as dirname:
    for v in voicedata:
        filename = os.path.join(dirname, "{0}.wav".format(n))
        speak(v[0], filename, v[1])
        winsound.PlaySound(filename, winsound.SND_FILENAME)
        n = n + 1
```

事前準備

必要ありません。

使用するライブラリ

　音声合成エンジンの「Open JTalk」が必要です。ソース・コードとして頒布されているので、Visual Studio を使ってビルドしてインストールします。
　インストールの手順は、下記の通りです。

手 順 Open JTalk をインストールする

[1] Visual Studio をダウンロード
　マイクロソフト社のサイトから、「Visual Studio Community Edition」をダウンロードします。

[Visual Studio Community Edition]

https://visualstudio.microsoft.com/ja/vs/community/

[2]　Visual Studio をインストールする

ダウンロードしたファイルをダブルクリックしてインストールを始めます。

インストールの際には、[C++によるデスクトップ開発]にチェックをつけて
進めます（図4-1）。

図4-1　[C++によるデスクトップ開発]にチェックを付けて進める

[3]　必要なプログラム一式のダウンロードと展開

Open JTalk のサイトから、次の①～③の3つのファイルをダウンロードして
展開します（図4-2、図4-3）。

①Open JTalk
②Dictionary for Open JTalk
③hts_engine API

【Open JTalkのサイト】

http://open-jtalk.sourceforge.net/

[メモ]

> ソースファイルは、「tar.gz形式」です。「tar.gz形式」のファイルを展開するには、たとえば、「7-Zip (https://sevenzip.osdn.jp/)」などのソフトウェアを使ってください。

①「Open JTalk」(open_jtalk-1.11.tar.gz) を適当なフォルダに展開します。

図4-3の例では「C:¥openjtalk」というフォルダ名にしていますが、フォルダ名は任意でかまいません。

②「Dictionary for Open JTalk」のShift-JIS版 (open_jtalk_dic_shift_jis-1.11.tar.gz) を「dicサブディレクトリ」に展開します

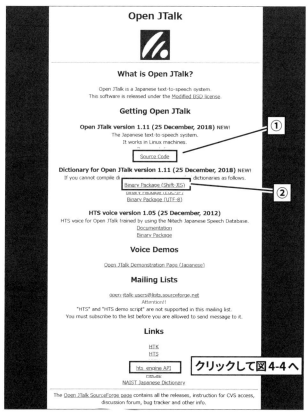

図4-2　Open JTalkのサイト

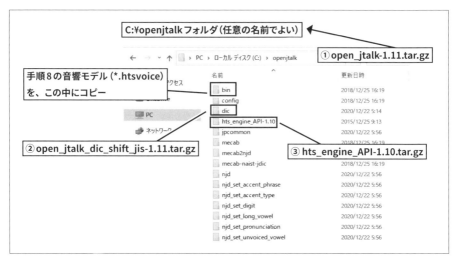

図4-3　ダウンロードしたファイルを配置する

③「hts_engine API」のダウンロード

　画面下の [hts_engine API] をクリックして、「hts_engine API」のページに移動します。

　「hts engine API」のソース・コードをダウンロードし、展開して、**図4-3**のように、「hts_engine_API-バージョン番号」のサブフォルダに展開します。
（これは tar.gz に含まれるフォルダと同名にします）

【hts_engine API】

https://sourceforge.net/projects/hts-engine/

hts_engine API

What is hts_engine API?

The hts_engine is software to synthesize speech waveform from HMMs trained by the HMM-based speech synthesis system (HTS).

This software is released under the Modified BSD license.

Getting hts_engine API

▌ **hts_engine API version 1.10 (December 25, 2015)**

The runtime HMM-based speech synthesis engine API and its applications.

- Documentation
- Reference Manual
- Source Code

▌ **Flite+hts_engine version 1.07 (December 25, 2016) NEW!**

The English text-to-speech system "Flite+hts_engine" consists of Flite and hts_engine API.

- Documentation
- Source Code

▌ **HTS voice version 1.06 (December 25, 2016) NEW!**

図4-4　hts_engine APIのソース・コードをダウンロード

[4]　ファイル名を修正

「C:¥openjtalk¥mecab-naist-jdic」に存在する、次の4つのファイルの先頭の「_」(アンダースコア)を削除します(図4-5)。

[名前を変更する4つのファイル]

_left-id.def → left-id.def

_pos-id.def → pos-id.def

_rewrite.def → rewrite.def

_right-id.def → right-id.def

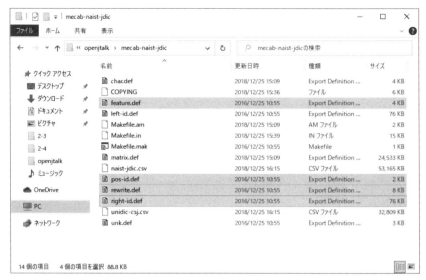

図4-5　先頭の「_」を削除

[5]　コマンドプロンプトで「Visual Studio」を使えるようにする

コマンドプロンプトを起動し、次のコマンドを入力して実行します（図4-6）。

すると、「Visual Studio」のコマンドに対してパスが設定され、コマンドプロンプトから実行可能になります。

```
"C:¥Program Files (x86)¥Microsoft Visual Studio¥2019¥Community¥VC¥Aux
iliary¥Build¥vcvars64.bat"
```

図4-6　Visual Studioへのパスを設定する

[6] ビルドする

コマンドプロンプトにて引き続き、それぞれ次のコマンドを入力して、「hts_engine API」と「Open JTalk本体」の2つをビルドします。

① hts_engine API

```
cd C:\openjtalk\hts_engine_API-1.10
nmake /f Makefile.mak
nmake /f Makefile.mak install
```

② Open JTalk本体

```
cd C:\openjtalk
nmake /f Makefile.mak
nmake /f Makefile.mak install
```

[7] ビルドしたものを確認する

「binディレクトリ」に「open_jtalk.exe」が出来ます。

これが本体です。

エクスプローラで、このファイルが出来たことを確認しておきましょう（**図4-7**）。

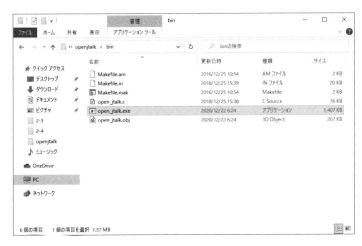

図4-7 「open_jtalk.exe」が出来た

[8]　音響モデルをダウンロードする

声を出すには、「音響モデル」が必要です。

「*.htsvoice」というファイルです。

「音響モデル」は、いくつかあります。

ここでは、「男性の声」と「女性の声」をインストールします。

下記からダウンロードし、展開したファイルを「binフォルダ」に置いてください。

【サンプル（男性）／nitech_jp_atr503_m001.htsvoice】

```
http://downloads.sourceforge.net/open-jtalk/hts_voice_nitech_jp_atr503_m001-1.05.tar.gz
```

【MMDAgentサンプル（女性）／mei_normal.htsvoice】

```
https://sourceforge.net/projects/mmdagent/files/MMDAgent_Example/
MMDAgent_Example-1.6/ mei_normal.htsvoice
```

レシピを実行したときの挙動

パソコンのスピーカーから、「これはもしかして、伝説のシチュー？」などという音声合成メッセージが流れます。

■Open JTalkとは

「Open JTalk」は、名古屋工業大学で開発されている「音声合成エンジン」です。

「Windows」「Mac」「Linux」や、「Raspberry Pi」で使えます。

「BSDライセンス」で提供されており、自由に利用できます。

実際の発話は、「Open JTalk」のデモ・サイトで確認できます。

【Open JTalk】

```
http://open-jtalk.sourceforge.net/
```

【Open JTalkデモ】

http://open-jtalk.sp.nitech.ac.jp/

■Open JTalkの基本的な使い方

「Open JTalk」は、「binフォルダ」にインストールされた「open_jtalkコマンド」を実行することで、音声の「wav形式ファイル」を作成できます。

*

たとえば、コマンドプロンプトから次のように実行すると、「hello.wavファイル」が作られます。

```
echo こんにちは | C:¥openjtalk¥open_jtalk -m mei_normal.htsvoice -x
..¥dic -ow hello.wav
```

作られた「hello.wav」をダブルクリックしてメディアプレーヤーなどで聞くと、「こんにちは」という音声が入っていることが分かります。

「-m」で指定しているのは、「音響モデル」です。

ここでは、「女性の声」を指定しています。

■Pythonで喋らせる

Pythonで喋らせるには、この操作≪「open_jtalk.exe」を実行して、音声ファイルを作る≫を「サブ・プロセス」として実行し、その結果の「音声ファイル」を再生します。

*

まずは、セリフを「リスト」として用意しておきます。

先頭の「0」「1」は、それぞれ「女性の声」(nitech_jp_atr503_m001.htsvoice)、「男性の声」(mei_normal.htsvoice)としました。

```
voicedata = [
    [1, "これはもしかして、伝説のシチュー？"],
    [0, "わかりますか？"],
    [1, "わかりますとも"],
    [0, "そうですよね。ハヤシライスですもの"]
]
```

まずは「wavファイル」を作ります。

「wavファイル」を作る処理は、次のようにしました。

```
for v in voicedata:
    filename = os.path.join(dirname, "{0}.wav".format(n))
    speak(v[0], filename, v[1])
```

「speak関数」が、実際に「wavファイル」を作る部分です。

この関数では、先ほどコマンドプロンプトから実行して確認したのと似た、「open_jtalk.exe」を実行するコマンドを作ります。

```
CMD = r"{dir}¥open_jtalk.exe -m {dir}¥{voicetype} -x {dir}¥..¥dic -ow
{filename}".format(voicetype = KOE[voicetype], filename = filename,
dir=OPENJTALKDIR)
```

これをパイプで開きます。

文字コードは「シフトJIS」(shift-jis)としました。

```
# パイプで開く
c = subprocess.Popen(CMD,stdin=subprocess.PIPE)
# シフトJISに変換して送信
c.stdin.write(msg.encode("shift-jis"))
```

こうして作った「wavファイル」を再生するには、「winsoundモジュール」の「PlaySound」を使います。

```
winsound.PlaySound(filename, winsound.SND_FILENAME)
```

「winsound」は、Windows版のPythonに標準添付のライブラリで、wavファイルを再生したり、音を出したりできます。

＊

サンプルを見ると分かりますが、漢字が混じっていても発声できるので、このレシピは、文書の読み上げにも活用できるはずです。

4-2 メロディを鳴らす

Pythonでは、「指定した周波数の音」を鳴らせますが、メロディを鳴らすのに、いちいち「周波数」と「長さ」を書くのは大変です。

そこで、「cdefgab」を「ドレミファソラシ」に見立てた、「MML」という表記の文字列を使って、メロディを鳴らすプログラムを作ってみます。

【レシピ】

```python
from synthesizer import Player, Synthesizer, Waveform
from collections import deque

player = Player()
player.open_stream()
synthesizer = Synthesizer(
  osc1_waveform=Waveform.sine, osc1_volume=1.0, use_osc2=False)

# シからドまでの音階周波数（最後は休符）とMMLのマップ
freq = [
    246.942, 261.626, 277.183, 293.665, 311.127,
    329.628, 349.228, 369.994, 391.995, 415.305,
    440.000, 466.164, 493.883, 523.251, 0]
freq = list(map(lambda x: x / (2 ** 4), freq))
keymap = {"C":1, "D":3, "E":5, "F":6, "G":8, "A":10, "B":12, "R":14}

def mmlplay(mml):
    # デフォルトのテンポ、オクターブ、長さ
    t, oc, l = 120, 4, 4

    s = mml.upper()    # 大文字に

    tbrk = False
    parsing, n_parsing = None, None

    # 周波数データを入れるキュー
    mdata = deque()
    freqwrite = False

    p = 0
    val = 0
    while (p < len(s)):
        c = s[p] # 1文字取得

        # 音符判定
        kindex = keymap.get(c)
        if kindex is not None:
            # 半音
            if p + 1 < len(s):
                c2 = s[p + 1]
                if c2 == "+":
                    kindex = kindex + 1
                    p = p + 1
                elif c2 == "-":
                    kindex = kindex - 1
```

```
                        p = p + 1

            if freqwrite:
                # 現在の長さを書き込む
                if val != 0:
                    l2 = val
                else:
                    l2 = l
                tm = 60.0 / t * 4 / l2
                mdata.append(tm)
                val = 0
                freqwrite = False

            # 周波数を書き込む
            f = freq[kindex] * (2 ** oc)
            mdata.append(f)
            freqwrite = True
            trbk = True
            parsing = "tone"
        elif c=="<":
            oc = oc - 1
            n_parsing = None
            tbrk = True
        elif c==">":
            oc = oc + 1
            n_parsing = None
            tbrk = True
        elif c=="T":
            n_parsing = "tempo"
            tbrk = True
        elif c=="L":
            n_parsing = "length"
            tbrk = True
        elif c=="O":
            n_parsing = "oct"
            tbrk = True

        # 長さの数値と付点
        if c >= "0" and c <="9":
            val = val * 10 + int(c)
        elif c == ".":
            if val == 0:
                val = l * 1.5
            else:
                val = val * 1.5

        if parsing == "tempo":
```

```
            t = val
            val = 0

        if parsing == "length":
            print('l', val)
            l = val
            val = 0

        if parsing == "oct":
            oc = val
            val = 0

        if tbrk:
            if freqwrite:
                # 現在の長さを書き込む
                print(val)
                if val != 0:
                    l2 = val
                else:
                    l2 = l
                tm = 60.0 / t * 4 / l2
                mdata.append(tm)
                freqwrite = False
            tbrk = False
            parsing = n_parsing
            n_parsing = None
            val = 0

    p = p + 1

if freqwrite:
    if val != 0:
        l2 = val
    else:
        l2 = l
    tm = 60.0 / t * 4 / l2
    val = 0
    mdata.append(tm)

print(mdata)

# キューから長さと周波数を取り出して鳴らす
while (len(mdata) > 0):
    f = mdata.popleft()
    l = mdata.popleft()
    player.play_wave(synthesizer.generate_constant_wave(f, l))

mmlplay("l8eee4 eee4 egc4.d16e2 fff4.f16 feee16e16 eddc dg4.")
```

事前準備

必要ありません。

使用するライブラリ

以下のライブラリが必要です。

●PyAudio

オーディオ処理ライブラリ。

ビルドには「Visual C++」が必要なので、ここではビルド済みのものを使います。

下記から「PyAudio-0.2.11-cp39-cp39-win_amd64.whl」をダウンロードします
（図4-8）。

【Unofficial Windows Binaries for Python Extension Packages】

https://www.lfd.uci.edu/~gohlke/pythonlibs/#pyaudio

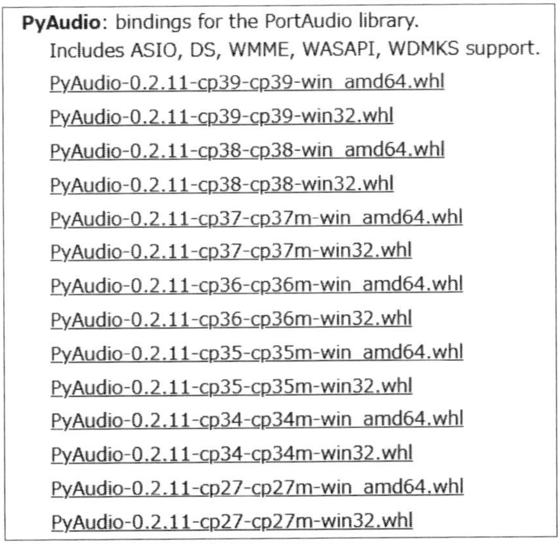

PyAudio: bindings for the PortAudio library.
Includes ASIO, DS, WMME, WASAPI, WDMKS support.
PyAudio-0.2.11-cp39-cp39-win_amd64.whl
PyAudio-0.2.11-cp39-cp39-win32.whl
PyAudio-0.2.11-cp38-cp38-win_amd64.whl
PyAudio-0.2.11-cp38-cp38-win32.whl
PyAudio-0.2.11-cp37-cp37m-win_amd64.whl
PyAudio-0.2.11-cp37-cp37m-win32.whl
PyAudio-0.2.11-cp36-cp36m-win_amd64.whl
PyAudio-0.2.11-cp36-cp36m-win32.whl
PyAudio-0.2.11-cp35-cp35m-win_amd64.whl
PyAudio-0.2.11-cp35-cp35m-win32.whl
PyAudio-0.2.11-cp34-cp34m-win_amd64.whl
PyAudio-0.2.11-cp34-cp34m-win32.whl
PyAudio-0.2.11-cp27-cp27m-win_amd64.whl
PyAudio-0.2.11-cp27-cp27m-win32.whl

図4-8　PyAudio（ビルド済み版）をダウンロード
cpXXの「XX」は利用しているPythonのバージョンのものを選択する。
（「cp39」は「Python3.9版」の意味）

ダウンロードしたファイルをノートブックと同じフォルダに置き、ノートブックのセルに次のように入力して実行します。

```
!pip install PyAudio-0.2.11-cp39-cp39-win_amd64.whl
```

● synthesizer

波形を合成して音を作るライブラリ。

```
!pip install synthesizer
```

レシピを実行したときの挙動

スピーカーから「ジングルベル」が流れます。

■音を出すには

メロディを奏でるには、音を構成する「波形データ」が必要です。

たとえば、「sin波」や「ノコギリ波」「矩形波」などです。

こうした「音の波形」は、「synthesizer」というライブラリを使うと簡単に作れます。

■音を鳴らす基本

「周波数」と「時間」を指定して「音」を鳴らします。

たとえば、「ラ」(A=440Hz。時報の音です) の音を、3秒間鳴らすには、次のようにします。

```
player = Player()
player.open_stream()
synthesizer = Synthesizer(
    osc1_waveform=Waveform.sine, osc1_volume=1.0, use_osc2=False)
player.play_wave(synthesizer.generate_constant_wave(440.0, 3.0))
```

「デフォルトのデバイス」以外で鳴らしたいときは、「open_stream」の引数に、

「デバイス番号」を指定します。

　「デバイス名」と「デバイス番号」は、次のようにして取得できます。

```
player.enumerate_device()
```

　たとえば、2番目のデバイスで出力するには、次のようにします。

```
player.open_stream(device_index=2)
```

■MMLで鳴らす

　「MML」(Music Macro Language) は、

- 「cdefgab」は、それぞれ「ドレミファソラシ」に対応する「音符」
- 「r」は「休符」
- 「+」／「-」で半音上げ／下げ
- 「o」でオクターブ(1オクターブ上がると周波数が倍、下がると周波数が半分)
- 音階の後ろに数字を付けると長さ(「1」は「全音符」、「2」は「二分音符」、「4」は「四分音符」、「8」は「八分音符」…)
- 「.」は付点(長さが1.5倍)。
- 「l」で音階後ろの数値を省略したときの既定の長さを設定
- 「t」でテンポ(1分間の4分音符の数)

という表記で音楽を表現する記法です。

　ここで示したレシピでは、MML文字列を読み込み、そこから「周波数」と「長さ」をキューに設定して、それを順に鳴らすことで、メロディを奏でるようにしています。

4-3　動画に「モザイク」をかける

動画の編集はなかなか手間がかかるものです。

　ここでは、動画を読み込んで、「顔の部分」に自動的に「モザイク」をかけるプログラムを作ってみます。

【レシピ①　モザイクをかける】

```python
import cv2

# 顔識別器の準備
face_cascade = cv2.CascadeClassifier(
    "haarcascade_frontalface_default.xml")

# 動画読み込み
video = cv2.VideoCapture(r"example.mp4")

# 出力ファイルを書く
fourcc = cv2.VideoWriter_fourcc(*"XVID")
out = cv2.VideoWriter(
    r"example_out.mp4",
    cv2.CAP_ANY,
    fourcc,
```

```
        video.get(cv2.CAP_PROP_FPS),
        (int(video.get(cv2.CAP_PROP_FRAME_WIDTH)),
            int(video.get(cv2.CAP_PROP_FRAME_HEIGHT))),
        True)

while True:
    # 1コマ読み込む
    (result, frame) = video.read();
    if not result:
        break;

    # グレースケール化
    gray = cv2.cvtColor(
        frame, cv2.COLOR_BGR2GRAY)

    # 顔認識
    faces = face_cascade.detectMultiScale(
        gray, scaleFactor=1.3, minNeighbors=5)

    # モザイクをかける
    for x, y, w, h in faces:
        # 10分の1にして10倍する
        small = cv2.resize(
            frame[y: y + h, x: x + w],
            None, fx=0.1, fy=0.1,
            interpolation=cv2.INTER_NEAREST)
        frame[y: y + h, x: x + w] = cv2.resize(small, (w, h),
                interpolation=cv2.INTER_NEAREST)

    # モザイクをかけたあとの1コマ書き込む
    out.write(frame)

    # プレビュー表示
    cv2.imshow("example", frame)

video.release()
out.release()
cv2.destroyWindow("example")
```

【レシピ②　無音になってしまった動画に「元の動画の音」をマージする】

```
import ffmpeg

in1 = ffmpeg.input(r"example_out.mp4")
in2 = ffmpeg.input(r"example.mp4")
s = ffmpeg.output(in1, in2,
    r"example_out_withsound.mp4", vcodec="copy", acodec="aac")
ffmpeg.run(s)
```

事前準備

①編集対象の動画の準備

編集対象の動画（顔が映っているもの）を「example.mp4」というファイル名で、ノートブックと同じフォルダに置いておきます。

②MPEGエンコーダの「FFmpeg」のインストール

MPEGエンコーダの「FFmpeg」をインストールします。

公式サイトにはソース・コードしかないので、下記のバイナリ配布サイトから「Windows版」をダウンロードします。

そして、このファイルをノートブックと同じ場所にコピーしておきます（図4-9、図4-10）。

＊

バイナリは「7z形式」のため、展開には「7-Zip」（https://sevenzip.osdn.jp/）が必要です。

展開した「binフォルダ」に含まれる「ffmpeg.exe」ファイルを、ノートブックと同じフォルダに置きます。

【FFmpeg公式サイト】

https://ffmpeg.org/

【FFmpeg Windows Builds】

https://www.gyan.dev/ffmpeg/builds/

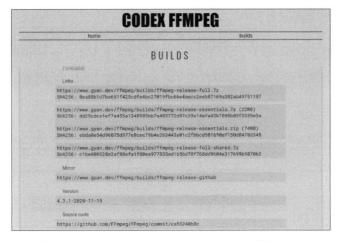

図4-9 「FFmpeg Windows Builds」からバイナリをダウンロードする

図4-10 ダウンロードしたファイルを「7-Zip」で展開したところ
「bin」に含まれている「ffmpeg.exe」をノートブックと同じフォルダに置く。

使用するライブラリ

下記のライブラリが必要です。

● OpenCV

コンピュータビジョンのライブラリ。

各種フィルタや輪郭抽出、顔検出などの機能がある。

(すでに「3-4 輪郭を抽出して画像を切り分ける」で使ったものと同じです)

```
!pip install opencv-python
```

●顔識別器の定義ファイル

下記のサイトから、「顔識別器」の定義ファイルである「haarcascade_frontal face_default.xml」をダウンロードし、ノートブックと同じフォルダに置いておきます（図4-11）。

【識別器】

https://github.com/opencv/opencv/tree/master/data/haarcascades

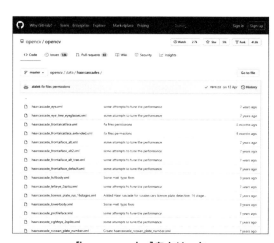

[haarcascades]をクリック

[Raw]をクリック

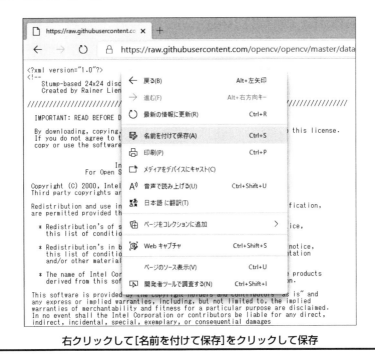

右クリックして[名前を付けて保存]をクリックして保存

図4-11 「haarcascade_frontalface_default.xml」をダウンロードする

●ffmpeg-python

「FFmpeg」をPythonから呼び出すライブラリ。

```
!pip install ffmpeg-python
```

レシピを実行したときの挙動

顔に「モザイク処理」をしたファイルが、「example_out.mp4」として書き出されます。

処理中は、ウィンドウで1コマずつ動画が表示されます。
（処理速度が遅いPCの場合、動画が表示されないことがあります）

なお、このファイルは、音が消失しています。
音を追加する方法については、本文を参照してください。

■OpenCVの機能

「OpenCV」には、さまざまな画像処理関数があります。

このレシピでは、次の機能を使って、動画に「モザイク」をかけています。

①顔識別器の準備

「OpenCV」には、画像から「写っている対象領域を判定する」という「**識別器機能**」があります。

「顔識別器」を使うと、顔が写っている部分を判別できます。

顔識別器を使うには、ダウンロードしておいた「haarcascade_frontalface_default.xml」ファイルを、次のようにして読み込みます。

```
# 顔識別器の準備
face_cascade = cv2.CascadeClassifier(
  "haarcascade_frontalface_default.xml")
```

②動画の読み込み

「VideoCaptureメソッド」を使うと、動画を1コマずつ読み込むことができます。

```
# 動画の読み込み
video = cv2.VideoCapture(r"example.mp4")
while True:
    # 1コマ読み込む
    (result, frame) = video.read();
    if not result:
        break;
    # 読み込んだコマの処理
```

③色変換

顔識別器はグレースケール画像に対して動作するため、一度、「グレースケール」に変換します。

```
# グレースケール化
gray = cv2.cvtColor(
    frame, cv2.COLOR_BGR2GRAY)
```

④顔識別

次のようにすると、②で読み込んでおいた「顔識別器」を使って、顔の範囲を抽出できます。

```
# 顔認識
faces = face_cascade.detectMultiScale(gray,
    scaleFactor=1.3, minNeighbors=5)
```

⑤モザイクをかける

④の領域にモザイクをかけます。

いくつか方法がありますが、「縮小してから拡大する」と情報が失われるので、モザイクの効果を出せます。

```
# モザイクをかける
for x, y, w, h in faces:
    # 10分の1にして10倍する
    small = cv2.resize(
        frame[y: y + h, x: x + w],
        None, fx=0.1, fy=0.1,
        interpolation=cv2.INTER_NEAREST)
    frame[y: y + h, x: x + w] = cv2.resize(small, (w, h),
            interpolation=cv2.INTER_NEAREST)
```

⑥「変換したコマ」を書き込む

「変換したコマ」を、動画として書き込みます。

まず、事前に、動画を生成します。

下記の処理で、「example_out.mp4」という空の動画ファイルが作られます。

```
# 出力ファイルを書く
fourcc = cv2.VideoWriter_fourcc(*"XVID")
out = cv2.VideoWriter(
    r"example_out.mp4",
    cv2.CAP_ANY,
    fourcc,
    video.get(cv2.CAP_PROP_FPS),
    (int(video.get(cv2.CAP_PROP_FRAME_WIDTH)),
        int(video.get(cv2.CAP_PROP_FRAME_HEIGHT))),
    True)
```

これに対して⑤で処理した画像を、1コマ分、書き込みます。

```
# モザイクをかけたあとの1コマ書き込む
out.write(frame)
```

■音が消える問題に対応する

このようにして変換した「example_out.mp4」は、音が失われます。

これは、「映像」を1コマずつ処理する際に、「音」を一切書き込んでいないからです。

「OpenCVライブラリ」では、「音」に対応することはできないので、別の方法で対応します。

いくつかの方法がありますが、そのひとつとして、「**FFmpeg**」というユーティリティを使う方法があります。

【FFmpeg公式サイト】

https://ffmpeg.org/

これは、オープンソースの「MPEGエンコーダ」で、動画を切り取ったり、映像と音をマージしたりする機能があります。

Linux用のソフトですが、Windows用にビルドされたものもあるので、今回は、それを利用します。

【FFmpeg Windows Builds】

https://www.gyan.dev/ffmpeg/builds/

「FFmpeg」は、コマンドラインから実行できますが、Pythonからも呼び出せます。

たとえば、「レシピ②」のプログラムを実行すれば、モザイク変換後の音がない「example_out.mp4」と、元の「example.mp4」とをマージして、音が付いた「example_out_withsound.mp4」という動画ファイルを作ることができます。

4-4 動画から物体を検出する

動画から「ある対象が映っているところ」を確認するのは、なかなか大変です。

たとえば、「ドラマの中から特定のタレントが写っているところを探す」とか、「防犯カメラから容疑者と思わしき人が映っているところを探す」などは、早送りするとしても、人間が確認するのは骨が折れます。

そこで機械学習を使って、その処理の自動化を試みます。

【レシピ】

```
from __future__ import division
from darknet import Darknet
import cv2
import torch
from torch.autograd import Variable
from util import *
from preprocess import prep_image, prep_image_pil

def prep_image2(img, inp_dim):
    orig_im = img
```

```
        dim = orig_im.shape[1], orig_im.shape[0]
        img = (letterbox_image(orig_im, (inp_dim, inp_dim)))
        img_ = img[:,:,::-1].transpose((2,0,1)).copy()
        img_ = torch.from_numpy(img_).float().div(255.0).unsqueeze(0)
        return img_, orig_im, dim

image_height = 160 # 画像サイズ

model = Darknet("yolov3.cfg")
model.load_weights("yolov3.weights")
classes = load_classes("coco.names")

if torch.cuda.is_available():
    model.cuda()

# 動画読み込み
video = cv2.VideoCapture(r"example.mp4")
fps = video.get(cv2.CAP_PROP_FPS)

f = 0
while True:
    # 1コマ読み込む
    (result, frame) = video.read();

    img, orig_im, dim = prep_image2(frame, image_height)
    if torch.cuda.is_available():
        im_dim = im_dim.cuda()
        img = img.cuda()

    output = model(Variable(img), torch.cuda.is_available())
    output = write_results(output, 0.25, 80,
      nms = True, nms_conf = 0.4)

    for i in output:
        if classes[int(i[-1])]== "horse":
            print("Find ---- {}".format(f / fps))

    f = f + 1
```

事前準備

①PyTorchのインストール

「ディープラーニング」のフレームワークとして、「PyTorch」を使います。

手 順 PyTorchのインストール

---

[1] サイトにアクセスする

【PyTorchサイト】

https://pytorch.org/

[2] インストールコマンドをコピペして実行する

サイトのインストールページ（https://pytorch.org/get-started/locally/）では、「バージョン」や「OS」「言語」「CUDA」（GPUを使うためのライブラリ）を選ぶと、インストール方法が表示されるので、その通りに入力してインストールします（図4-12）。

選択肢は順に、「Stable」「Windows」「Pip」「Python」を選びます。
最後の「CUDA」は、どの「GPUライブラリ」を使うかです。

NVIDIA社のGPUを搭載しているパソコンでは「CUDA」を利用するほうが高速ですが、別途、「CUDAツールキット」をインストールしないと動作しないので、よくわからなければ、「None」を選択するのが無難です。

> ※CUDAツールキットは、https://developer.nvidia.com/cuda-toolkitで入手できます。

たとえば、次に示すコマンドが表示されるので、コマンドプロンプトを起動し、コピペして実行します。

```
pip install torch==1.7.1+cpu torchvision==0.8.2+cpu
torchaudio==0.7.2 -f https://download.pytorch.org/whl/torch_stable.
html
```

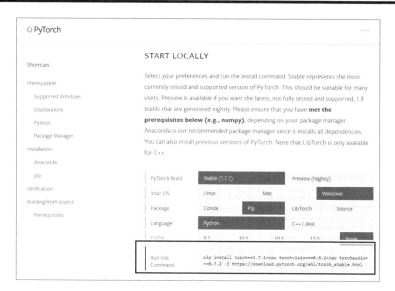

図4-12　選択肢から選ぶとインストールするためのコマンドが表示されるので、
それをコマンドラインにコピペして実行する

②「学習済みモデル」の配置

　「学習済みモデル」を、ノートブックと同じフォルダに置いておきます。

　このファイルは、本来、「認識させたい顔」などを学習されたファイルであるべきですが、下記に、いくつかの学習済みモデルがあるので、これを使います（図4-13）。

【YOLO: Real-Time Object Detection】

https://pjreddie.com/darknet/yolo/

Model	Train	Test	mAP	FLOPS	FPS	Cfg	Weights
SSD300	COCO trainval	test-dev	41.2	-	46		link
SSD500	COCO trainval	test-dev	46.5	-	19		link
YOLOv2 608x608	COCO trainval	test-dev	48.1	62.94 Bn	40	cfg	weights
Tiny YOLO	COCO trainval	test-dev	23.7	5.41 Bn	244	cfg	weights
SSD321	COCO trainval	test-dev	45.4	-	16		link
DSSD321	COCO trainval	test-dev	46.1	-	12		link
R-FCN	COCO trainval	test-dev	51.9	-	12		link
SSD513	COCO trainval	test-dev	50.4	-	8		link
DSSD513	COCO trainval	test-dev	53.3	-	6		link
FPN FRCN	COCO trainval	test-dev	59.1	-	6		link
Retinanet-50-500	COCO trainval	test-dev	50.9	-	14		link
Retinanet-101-500	COCO trainval	test-dev	53.1	-	11		link
Retinanet-101-800	COCO trainval	test-dev	57.5	-	5		link
YOLOv3-320	COCO trainval	test-dev	51.5	38.97 Bn	45	cfg	weights
YOLOv3-416	COCO trainval	test-dev	55.3	65.86 Bn	35	cfg	weights
YOLOv3-608	COCO trainval	test-dev	57.9	140.69 Bn	20	cfg	weights
YOLOv3-tiny	COCO trainval	test-dev	33.1	5.56 Bn	220	cfg	weights
YOLOv3-spp	COCO trainval	test-dev	60.6	141.45 Bn	20	cfg	weights

図4-13 COCOデータセット

このうち、リンクからたどれる次の2つのファイルをダウンロードし、ノートブックと同じフォルダに置きます。

- yolov3.cfg (https://github.com/pjreddie/darknet/blob/master/cfg/yolov3.cfg)
- yolov3.weights (https://pjreddie.com/media/files/yolov3.weights)

---

③名前の対応表のダウンロード

②でダウンロードしたモデルは、「COCO」(https://cocodataset.org/) といいうサイトで配布されている80種の代表的な物体を学習させたものです。

物体の対応表（ラベル名）は下記の「coco.namesファイル」に記載されているので、これもダウンロードし、ノートブックと同じフォルダに置きます。

【coco.names】

---

https://github.com/pjreddie/darknet/blob/master/data/coco.names

---

④処理したい動画

処理したい動画ファイルを「example.mp4」というファイル名で、ノートブックと同じフォルダに置いておきます。

このレシピでは、「horse（馬）」の検出をしているので、「馬に近い形」のものが映っている動画が望ましいです。

（「if classes[int(i[-1])]== "horse":」の条件式で、抽出したい物体は変更できます）

使用するライブラリ

下記のライブラリが必要です。

● ayooshkathuria/pytorch-yolo-v3

YOLOには、いくつかの実装がありますが、今回は、他の依存ライブラリが少なくて済む、次のライブラリを使います。

【ayooshkathuria/pytorch-yolo-v3】

https://github.com/ayooshkathuria/pytorch-yolo-v3

サイトから一式すべてをダウンロードし、ノートブックと同じフォルダに置きます（図4-14）。

まとめてダウンロードするには、右上のメニューから［Download ZIP］を選択します。

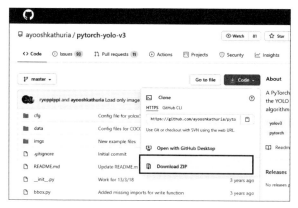

図4-14　「ayooshkathuria/pytorch-yolo-v3」をまとめてダウンロードする

レシピを実行したときの挙動

配置した「example.mp4」が読み込まれ、「馬」が映っていそうな「シークタイム」（先頭からの秒数）が、たとえば、次のように表示されます。

```
Find ---- 0.3003
Find ---- 0.33366666666666667
Find ---- 0.3670333333333333
Find ---- 0.40040000000000003
Find ---- 0.6006
...
```

■「YOLO」とは

「YOLO」（You Only Look Once）は、Joseph Redmon氏が発案した、「ディープラーニング」を用いた物体検出モデルです。

高速に処理できるのが特徴で、さまざまな物体検出に使われています。

> ※論文は「https://arxiv.org/pdf/1506.02640.pdf」で見られます。

「YOLO」はバージョンアップしており、本書の執筆時点では、「バージョン5」まであリますが、このレシピでは、こなれてきている「バージョン3」を使っています。

ライブラリをGoogleなどで検索してみると分かりますが、「YOLO」は、さまざまな人が独自に実装しています。

ここでは「ayooshkathuria/pytorch-yolo-v3」を使っていますが、同じ「YOLO」でも、ライブラリが違えば、使い方が異なるので注意してください。

■ YOLO を使った物体検出の基本

　レシピを見ると分かるように、「YOLOライブラリ」を初期設定し（yolov3.cfg）、「モデル」（yolov3.weights）と「分類」（coco.names）を読み込みます。

```
model = Darknet("yolov3.cfg")
model.load_weights("yolov3.weights")
classes = load_classes("coco.names")
```

　そのあと、次のようにすると、画像の「どの部分」に「何が映っているのか」が分かります。
　ここで「write_results」に指定している "80" は、「coco.namesの80種」という意味です。

```
output = model(Variable(img), torch.cuda.is_available())
output = write_results(output, 0.25, 80, nms = True, nms_conf = 0.4)
```

　「戻り値」として、マッチした物体の「座標」や「ラベルの番号」が分かります。
　このレシピでは、「ラベル」だけを利用して「horse（馬）が映ったときのシーク位置（秒）」を画面に表示するようにしました。

```
for i in output:
    if classes[int(i[-1])]== "horse":
        print("Find ---- {}".format(f / fps))
```

　この結果として、次のように表示されます。

```
Find ---- 0.3003
Find ---- 0.33366666666666667
Find ---- 0.3670333333333333
Find ---- 0.40040000000000003
Find ---- 0.6006
...
```

「coco.names」には、「cat」「dog」「bird」「car」「bus」など80種の品目があるので、これだけでも、かなり楽しめます。

■独自の画像を学習するには

これだけでも楽しいのですが、さまざまな画像を学習して、「特定の人物が映っているかどうか」を検出できるようにすると、ぐっと使い道が広がります。

とはいえ、学習にはとてもたくさんの画像が必要なのと、GPUの性能が必要なので、ここでは概要のみを紹介するにとどめます。

●アノテーション

学習するには、「アノテーション」という作業が必要です。
そのためには「アノテーション用のツール」を使います。

たとえば、マイクロソフト社が提供している「VoTT」(https://github.com/Microsoft/VoTT/releases) というツールは、GUI操作の出来がよく、個人や研究分野で広く使われています。
(人海戦術的に、業務でアノテーションするときは、もっと多機能な商用ツールを使うのが一般的です)

「VoTT」では、マウス操作で領域を囲んで、ラベル付けします。
きちんと識別するには、最低でも「100枚以上」の画像が欲しいところです(**図4-15**)。

> ※「VoTT」の「バージョン2」は、「YOLO3」で使えるデータ形式に出力できません。コンバータを使うか、前の「バージョン1」を使うようにします。

図4-15　アノテーションの様子

●学習する

「YOLOライブラリ」に付属の「train.py」を使って学習します。
このとき、「coco.names」に分類を追加しておきます。

学習すると、「weightファイル」が出来るので、それと差し替えれば、学習
したデータを使った物体検知ができるようになります。

第5章

ゲームを作る

この章では、ゲームを中心とした、さまざまなアルゴリズムを紹介します。

5-1　「エニグマ」で暗号化しよう

　第二次世界大戦のときにドイツが使っていた暗号機「エニグマ」と同じ仕組みを使って、文字を暗号化するプログラムを紹介します。

【レシピ】

```
# キー定義
# https://en.wikipedia.org/wiki/Enigma_rotor_details
keys= [
    "ABCDEFGHIJKLMNOPQRSTUVWXYZ",   # プラグボード
    "BDFHJLCPRTXVZNYEIWGAKMUSQO",   # キー3
    "AJDKSIRUXBLHWTMCQGZNPYFVOE",   # キー2
    "EKMFLGDQVZNTOWYHXUSPAIBRCJ",   # キー1
    "YRUHQSLDPXNGOKMIEBFZCWVJAT"    # 反転ローター
]
# キーの初期状態の設定
startkey = "ABC"
keyindex = [0, 0, 0, 0, 0]
for i in range(3):
    keyindex[3 - i] = ord(startkey[i]) - ord("A")
```

```
# 暗号化する文字

str = "ILIKEAPPLE"

# 暗号・復号
for s in str:
    # キーを動かす
    keyindex[1] = (keyindex[1] + 1) % 26
    for c in range(1, 3):
        if keyindex[c] == 0:
            # 次のキーを動かす
            keyindex[c + 1] = (keyindex[c + 1] + 1) % 26

    # 1. 行き
    v = s
    for i in range(0, 5):
        # インデックス位置とそこから変換した値
        idx = (ord(v) - ord("A") + keyindex[i] + 26) % 26
        mapvalue = keys[i][idx]

        # 変換結果もズラす
        v = chr(((ord(mapvalue) - ord("A")
                - keyindex[i] + 26) % 26) + ord("A"))

    # 2. 帰り
    for i in range(3, -1, -1):
        # キーから探すべき値
        mapvalue = chr((ord(v) - ord("A")
                + keyindex[i] + 26) % 26 + ord("A"))

        # インデックスを探し、文字に変換
        idx = keys[i].find(mapvalue)
        v = chr(((idx - keyindex[i] + 26) % 26) + ord("A"))

    print(v, end="")
```

事前準備

必要ありません。

使用するライブラリ

標準ライブラリのみ。pipでインストールすべきものはありません。

レシピを実行したときの挙動

「ILIKEAPPLE」という文字列を暗号化した「MWZDRJSNBQ」が画面に表示されます。

■エニグマの仕組み

エニグマの暗号化の基本は、文字列の「マッピング」です。
あらかじめ決められた「対応表」(暗号表)に基づいて文字を置換します。

対称に置換されるので「暗号化」と「復号化」の方法は同じです。
つまり、「暗号化した文字」を同じ暗号機に入れると、復号できます。

●エニグマの構成

エニグマは、「プラグボード」「3つのキー」「反転ローター」で構成されます(図5-1)。

「キー」は交換可能な歯車で、回転できます。
・手で最初の位置を決めることができます
・「1文字」入力するごとに、「キー3」が「1文字ぶん」回転します
・「キー3」が1回転すると、「キー2」が「1文字ぶん」回転します
・「キー2」が1回転すると、「キー1」が「1文字ぶん」回転します

実際に、戦時中に使われた「キー」は参考文献1に記載されており、「レシピ」でもそれを使っています。

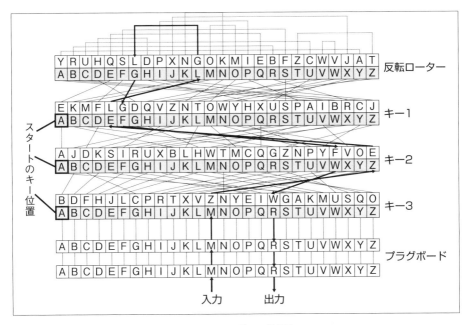

図5-1　エニグマの仕組み

■鍵の初期状態を決める

このレシピでは、図5-1に示した5つの鍵を、「keys」というリストで示して
います。

```
keys= [
    "ABCDEFGHIJKLMNOPQRSTUVWXYZ",   # プラグボード
    "BDFHJLCPRTXVZNYEIWGAKMUSQO",   # キー3
    "AJDKSIRUXBLHWTMCQGZNPYFVOE",   # キー2
    "EKMFLGDQVZNTOWYHXUSPAIBRCJ",   # キー1
    "YRUHQSLDPXNGOKMIEBFZCWVJAT"    # 反転ローター
]
```

そして、どれだけ動いたかを「keyindex」というリストで管理しています。

＊

たとえば、キーの初期状態が「ABC」であるとき、最初にどれだけ動いているのかを、次のようにして設定します。

```
# キーの初期状態の設定
startkey = "ABC"
keyindex = [0, 0, 0, 0, 0]
for i in range(3):
    keyindex[3 - i] = ord(startkey[i]) - ord("A")
```

この処理の後の「keyindex」の値は、

```
[0, 0, 1, 2, 0]
```

です(A=0、B=1、C=2、···Z=25)。

*

図5-1に示したように、先頭の「ブレッドボード」と、末尾の「反復ローター」は移動しないので、「keyindex[0]」と「keyindex[4]」は、いつも「0」とします。

■暗号・復号する

レシピでは、「暗号化(または「復号」)する文字」を、次のように定義しています。

```
str = "ILIKEAPPLE"
```

これを、1文字ずつループ処理します。

*

「暗号(復号)処理」は、**図5-1**に示したように往復します。

レシピに記載しているように、それぞれの「キー」を「keyindex」だけズラした「変換値」を取得して、その「変換データ」に置換していきます。

レシピ中で、

```
idx = (ord(v) - ord('A') + keyindex[i] + 26) % 26
```

のように、「% 26」としているのは、"「26」で割った余り"とすることで、「キー」の長さを超えたときは、先頭から戻すようにする処理です。

*

実際に、「ILIKEAPPLE」という文字を、初期キー「ABC」で暗号化すると、

「MWZDRJSNBQ」という暗号化文字列が得られます。

　この「MWZDRJSNBQ」を、もう一度処理すると、「ILIKEAPPLE」という元の文字に戻ります。やってみてください。

【参考文献】

1.Wikipedia エニグマ暗号機

https://ja.wikipedia.org/wiki/%E3%82%A8%E3%83%8B%E3%82%B0%E3%83%9E_(%E6%9A%97%E5%8F%B7%E6%A9%9F)

2. Wikipedia（英語版）

https://en.wikipedia.org/wiki/Enigma_rotor_details

3. エニグマシミュレーション

http://enigmaco.de/enigma/enigma.html

5-2　「ビンゴ・カード」を作る

　「ビンゴ・カード」を作ってみましょう。

　1〜75の番号を割り当てるのですが、完全にランダムなわけではなく、「B」「I」「N」「G」「O」の列に入る数字の範囲が決まっているので、それに従って番号を振ります。

【レシピ】

```
import random

# 1枚のカードを作る関数
def makecard():
    b = random.sample(range(1, 16), 5)
    i = random.sample(range(16, 31), 5)
    n = random.sample(range(31, 46), 5)
    g = random.sample(range(46, 61), 5)
    o = random.sample(range(61, 75), 5)

    # 中央をセンター・フリーに
    n[2] = "*"
    card = (b, i, n, g, o)
    print(card)
```

```
        return card

def printcard(c):
    for i in range(5):
        print("{:>2}|{:>2}|{:>2}|{:>2}|{:>2}".format(
            c[0][i], c[1][i], c[2][i], c[3][i], c[4][i]))

# カードをN枚作成して画面に表示
N = 30
cards = []
for i in range(N):
    c = makecard()
    cards.append(c)
    print("-------{}枚目-------".format(i + 1))
    printcard(c)
```

事前準備

必要ありません。

使用するライブラリ

標準ライブラリのみ。pipでインストールすべきものはありません。

レシピを実行したときの挙動

30枚のカードが作られ、画面に表示されます。

```
([12, 2, 4, 7, 5], [30, 17, 27, 22, 28], [43, 39, '*', 44, 45], [60,
52, 45, 50, 59], [63, 66, 72, 73, 67])
-------1枚目-------
12|30|43|60|63
 2|17|39|52|66
 4|27| *|45|72
 7|22|44|50|73
 5|28|45|59|67
…略…
([13, 2, 12, 3, 4], [26, 28, 20, 27, 16], [45, 33, '*', 37, 41], [50,
```

```
45, 48, 52, 60], [70, 64, 63, 71, 74])
-------30枚目-------
13|26|45|50|70
 2|28|33|45|64
12|20| *|48|63
 3|27|37|52|71
 4|16|41|60|74
```

■ビンゴ・カード

　「ビンゴ」を作るに当たって、Wikipediaを見たところ、「ビンゴ・カード」の数値は、「1〜75」。

　左列から順に、「B」「I」「N」「G」「O」のアルファベットが付けられるのですが、それぞれ、次の数値のいずれかが割り当てられるそうです（**図5-2**）。

【ビンゴ】

https://ja.wikipedia.org/wiki/%E3%83%93%E3%83%B3%E3%82%B4

列番号	第1列	第2列	第3列	第4列	第5列
対応文字	B	I	N	G	O
範囲	1〜15	16〜30	31〜45	46〜60	61-75

図5-2　「ビンゴ・カード」の例（Wikipediaより引用）

■乱数でカードを作る

今回のレシピでは、こうした「ビンゴ・カード」を作ります。

実行すると、「N枚」(ここでは30枚)の「ビンゴ・カード」を作り、画面に表示します。

ビンゴで穴が空いた部分は「*」という文字で示すことにし、カードの中心は、「センター・フリー」なので、最初から「*」としました。

●乱数でカードを作る

Pythonでは、「random.sample関数」を使うと、「第1引数」のリストから、「第2引数」の数だけ、重複せずにランダムに取得した新しいリストを作れます。

```
random.sample(取り出し元リスト , 個数)
```

レシピでは、次のようにして、「B列、I列、N列、G列、O列」のそれぞれを、ランダムに作っています。

```
b = random.sample(range(1, 16), 5)
i = random.sample(range(16, 31), 5)
n = random.sample(range(31, 46), 5)
g = random.sample(range(46, 61), 5)
o = random.sample(range(61, 75), 5)
```

そしてセンターとなる部分を「*」で設定し、これらをまとめてリストとして戻しています。

```
# 中央をセンター・フリーに
n[2] = "*"
card = (b, i, n, g, o)
return card
```

■カードを表示する

作成したカードは、次のように、左列から順に格納したリスト構造をとっています。

```
([6, 2, 1, 13, 10], [27, 30, 20, 22, 26], [36, 33, '*', 35, 44], [52,
56, 57, 48, 55], [71, 65, 69, 63, 67])
```

これを次のように画面に表示します。

```
 6|27|36|52|71
 2|30|33|56|65
 1|20| *|57|69
13|22|35|48|63
10|26|44|55|67
```

そのためには、次のようにループ処理して、「format関数」で書式を揃えて表示します。

```
for i in range(5):
    print("{:>2}|{:>2}|{:>2}|{:>2}|{:>2}".format(c[0][i],
        c[1][i], c[2][i], c[3][i], c[4][i]))
```

5-3 何回ぐらいでビンゴが出るかを調べる

　前節では、「ビンゴ・カード」を作りました。

　この節では、この「ビンゴ・カード」を使って、何人かがビンゴに参加したとき、平均して何回ビンゴ玉を引いたら「最初のビンゴ」または「指定された人数ぶんのビンゴ」が出るのか調べてみます。

【レシピ】

```
import random

# 1枚のカードを作る関数
def makecard():
…「5-2節」と同じなので略…

def printcard(c):
…「5-2節」と同じなので略…

## ビンゴをエミュレートする
import statistics

def setHole(c, n):
```

```python
    # ビンゴに穴を空ける
    for x in range(5):
        for y in range(5):
            if c[x][y] == n:
                c[x][y] = "*"

def isBingo(c):
    # ビンゴチェック
    # 横と縦
    for x in range(5):
        result1 = result2 = True
        for y in range(5):
            if c[x][y] != "*":
                result1 = False
            if c[y][x] != "*":
                result2 = False
        if result1 or result2:
            return True

    # 斜め
    result1 = result2 = True
    for i in range(5):
        if c[i][i] != "*":
            result1 = False
        if c[i][4 - i] != "*":
            result2 = False
    if result1 or result2:
        return True

    return False

N = 30    # カード枚数
r = 100   # 試行回数
hmax = 1 # 何枚以上のビンゴが出たら試行をやめるか
result = []

for i in range(r):
    # カードを作る
    cards = []
    for i in range(N):
        c = makecard()
        cards.append(c)

    # 1〜75の玉
```

```
    que = range(1, 76)

    # ビンゴの数が既定数を満たすまで繰り返し
    hit = 0
    cnt = 0
    while hit < hmax:
        # 玉をひとつ取り出す
        n = random.sample(que, 1)
        # ビンゴカードを処理する
        hit = 0
        for c in cards:
            # 番号を潰す
            setHole(c, n[0])

            # ビンゴチェック
            if isBingo(c):
#                   print("hit")
#                   printcard(c)
                hit = hit + 1
        # 回数をセット
        cnt = cnt + 1

    # 結果を設定
    result.append(cnt)

# 結果を表示
print("平均", statistics.mean(result))
print(result)
```

事前準備

必要ありません。

使用するライブラリ

標準ライブラリのみ。pipでインストールすべきものはありません。

レシピを実行したときの挙動

30枚の「ビンゴ・カード」があるとき（30人がビンゴに参加しているとき）、

何回、玉を引いたらビンゴが発生するか、100回試行して、その平均が表示されます。

```
平均 24.36
[27, 13, 19, 27, 21, 17, 26, 31, 19, 20, 19, 27, 27, 30, 26, 18, 16,
22, 29, 31, 36, 27, 29, 26, 26, 35, 24, 27, 46, 29, 24, 30, 16, 22,
25, 31, 23, 20, 34, 14, 17, 34, 26, 20, 17, 15, 21, 18, 25, 30, 23,
25, 32, 23, 17, 36, 23, 21, 18, 19, 22, 24, 39, 19, 20, 23, 28, 25,
29, 20, 22, 17, 37, 31, 15, 29, 24, 36, 26, 29, 30, 20, 27, 18, 14,
16, 23, 21, 17, 20, 26, 26, 19, 32, 25, 15, 20, 30, 26, 27]
```

■ビンゴになるまでの回数を調べる

　今月のプログラムは、「N枚」の「ビンゴ・カード」があるとき（N人の参加者がいるとき）、「hmax枚」のビンゴが出るまでに、「何回玉を引く必要があるのか」をエミュレートするものです。

　試行回数は、「r」で定義します。

```
N = 30    # カード枚数
r = 100   # 試行回数
hmax = 1 # 何枚以上のビンゴが出たらやめる
```

　筆者の環境では、だいたい「25回」ぐらいで、1回目のビンゴが出るようでした。

■ビンゴ・カードのデータ構造

「ビンゴ・カード」を作る処理は、前節で作った「makecard関数」で、次の書式のリストで構成されているものとします。

穴を空けたところは「*」で示します。「センター・フリー」なので、最初から真ん中は「*」です。

```
([7, 10, 2, 6, 15], [21, 18, 23, 22, 19], [41, 42, '*', 44, 37], [54,
45, 55, 58, 46], [73, 70, 68, 64, 66])
```

■ビンゴ玉を引く

ビンゴ玉は、「1～75」まであり、これを1つずつ取り出します。

まず、「1～75」のリストをqueに用意しておきます。

```
que = range(1, 76)
```

次のようにすると、ここから値を1つ、ランダムに取り出せます。

取り出した後、その値は「que」から取り除かれます。

```
n = random.sample(que, 1)
```

■ビンゴに穴を空ける

こうして引いたビンゴの玉「n」に相当する場所に穴を空けます。

その処理は、「setHole関数」にあります。

カードの要素を総なめし、「n」と合致する箇所を「*」にしています。

■ビンゴが出たかどうかを確認する

ビンゴが出たかを確認するのが、「isBingo関数」です。

穴が空いたところは「*」なので、「*」が、「縦」「横」「斜め」に並んでいるかどうかを判断します。

「縦」「横」は、

```python
for x in range(5):
    result1 = result2 = True
    for y in range(5):
        if c[x][y] != '*':
            result1 = False
        if c[y][x] != '*':
            result2 = False
    if result1 or result2:
        return True
```

のように、フラグ変数「result1」「result2」を使います。

途中で「*」が続いてなかったら「ビンゴではない」と判断します。

「斜め」についても同様です。

*

何度か試行すると分かりますが、平均25回というのは、ゲームとしては、けっこう長いです。

ビンゴ・ゲームによっては、「配られた人が、最初に好きな場所に穴を1つ空けていい」というルールが採用されることがありますが、そうすると、もっと少ない回数でビンゴが出ます。

1つ穴を空けたときに、平均、どのぐらいでビンゴが出るのかを実際に確認してみると面白いでしょう。

5-4 「迷路」を作る

　ランダムな「迷路」を作ってみます。

　迷路はリストとして用意します。

　リストを使ったデータ操作には、機械学習でよく使われる「NumPyライブラリ」を使いました。

【レシピ】

```
import random
import numpy as np
import seaborn as sns

# 迷路サイズ(奇数であること)
w = 11
h = 11

# 迷路のリスト
m = np.zeros((w, h), dtype=np.int8)

# ①壁を作る
```

```
m[0,0:] = 1     # 上辺
m[w - 1, 0:] = 1 # 下辺
m[0:,0] = 1 # 左辺
m[0:, h - 1] = 1 # 右辺

# ②偶数のところに柱
m[2:w-1:2, 2:h-1:2] = 2

# ③柱からランダムな方向に壁を作る
delta = [[-1, 0], [1, 0], [0, -1], [0, 1]]

hashira = np.where(m == 2)
for x, y in zip(hashira[0], hashira[1]):
    # 乱数で障害を作る方向を決める
    r = random.randrange(0, 4)
    m[x + delta[r][0], y + delta[r][1]] = 3

# ④入口と出口
m[1, 0] = 8
m[1, 1] = 0
m[w - 2, h - 1] = 9
m[w - 2, h - 2] = 0

# ⑤出力
sns.heatmap(m)
print(m)
```

事前準備

必要ありません。

使用するライブラリ

下記のライブラリが必要です。

●NumPy

数値計算ライブラリ。

```
!pip install numpy==1.19.3
```

> ※バージョンを指定する理由は、Windows10 2004アップデート以降で、NumPy
> の挙動が変わったためです。（詳細は https://tinyurl.com/y3dm3h86）

●seaborn

データのビジュアライズ・ライブラリ。

さまざまな形のビジュアルなグラフを描ける。

```
!pip install seaborn
```

■レシピを実行したときの挙動

迷路が自動生成されます。

リストの値の「8」が入口、「9」が出口としました。

値を濃度で示した「ヒートマップ」を使うことで、「絵」としても表示しています（図5-3）。

変数「w、h」の値を変えれば、もっと大きな迷路も作れます。

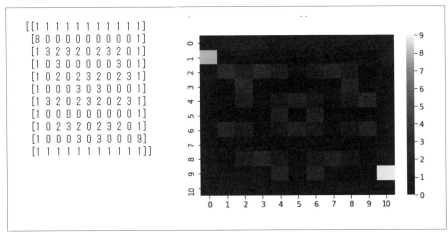

図5-3　生成された迷路

■格子に柱を並べて、通せんぼして迷路を作る

迷路を作るアルゴリズムはいくつかあります。

このレシピでは、「外枠」を作り、そこに柱を「格子状」に並べて、その柱から、ランダムな方向に「通せんぼ」するというアルゴリズムで、迷路を作ってみました。

その動きは、図5-4の通りです。

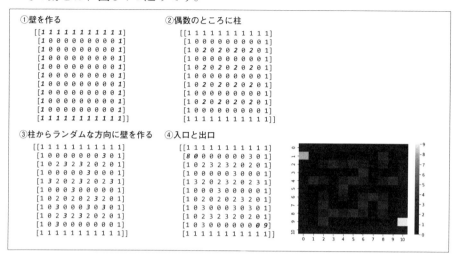

図5-4　迷路を作る動き

■NumPyを使ったリスト操作

図5-3に示したように、「0＝空白」「1＝外壁」「2＝柱」「3＝通せんぼの壁」「8＝入口」「9＝出口」としました。

次の手順で迷路を作ります。

手 順　迷路を作る

[1]　「0」で初期化する

まずは、リストを「0」で初期化します。

```
m = np.zeros((w, h), dtype=np.int8)
```

[2]　「周辺の壁」を作る

「周辺の壁」を作ります。

次のコード例から分かるように、「NumPy」では、「行」「列」に、まとめて値を設定できます。

```
m[0,0:] = 1    # 上辺
m[w - 1, 0:] = 1 # 下辺
m[0:,0] = 1 # 左辺
m[0:, h - 1] = 1 # 右辺
```

[3] 「柱」を作る

「偶数のところだけ、柱を作る処理」も簡単です。

次のようにすれば、「2,w-1」～「2,h-1」の範囲内で、「2つおき」に、値を設定できます。

```
m[2:w-1:2, 2:h-1:2] = 2
```

[4] 通せんぼする

ランダムな方向に「通せんぼする」のは、上記のように値「2」を設定した要素に対して、ループすることで処理しています。

「numpy.where」を使うと、指定した条件のインデックスを取得できるので、そこに対して、ループ処理します。

```
hashira = np.where(m == 2)
for x, y in zip(hashira[0], hashira[1]):
    # 乱数で障害を作る方向を決める
    r = random.randrange(0, 4)
    m[x + delta[r][0], y + delta[r][1]] = 3
```

■「ヒートマップ」で可視化する

以上の操作によって、変数「m」には、迷路のデータが格納されます。
最後にこれを可視化します。

ここでは「seabornライブラリ」の「**ヒートマップ関数**」を使いました。
「ヒートマップ」とは、リストの値を、「値が大きいほど濃く表示する可視化方法」です。

```
sns.heatmap(m)
```

5-5　迷路を解く

前節で作成した迷路を解いてみます。

いくつから方法がありますが、基本で古典的な「左手の法則」を利用します。

【レシピ】

```
…「5-4節」のレシピの続き…
…変数「m」に、解きたい迷路データが入っていることを前提とする…
# 道順を保存するリスト
result = np.zeros((w, h), dtype=np.int16)

# スタート
x = 0
y = 1

# 左手の方向
lefthand = [0, -1]

# 直進の方向
move = [1, 0]

value = 1
```

```python
# ゴールの値9まで
while m[x, y] != 9:
  result[x, y] = value
  value = value + 1
  # ①左手の方向が空いていれば移動して
  # 時計回りに回転
  if m[x + lefthand[0], y + lefthand[1]] == 0 or
    m[x + lefthand[0], y + lefthand[1]] == 9:
    x = x + lefthand[0]
    y = y + lefthand[1]
    lefthand = [lefthand[1], -lefthand[0]]
    move = [move[1], -move[0]]
  elif m[x + move[0], y + move[1]] == 0 or
      m[x + move[0], y + move[1]] == 9:
    # ②前が空いていれば，そのまま移動
    x = x + move[0]
    y = y + move[1]
  else:
    # そうでなければ，反時計回りに回転
    lefthand = [-lefthand[1], lefthand[0]]
    move = [-move[1], move[0]]

# 結果表示
print(result)
```

事前準備 / 必要なライブラリ

このレシピは、「5-4節」の続きです。

事前準備や必要なライブラリは、「5-4節」に準じます。

レシピを実行したときの挙動

次のように、「通れる道」に「1以上の値」が設定されたリストが画面に表示されます。

```
[[ 0  1  0  0  0  0  0  0  0  0  0]
 [ 0  2  0  0  0  0  0  0  0  0  0]
 [ 0  3  0  0  0  0  0  0  0  0  0]
 [ 0  4  0  0  0  0  0  0  0  0  0]
 [ 0  5  0  0  0  0  0  0  0  0  0]
```

```
    [ 0  7  8  9  0  0  0  0  0  0  0]
    [ 0  0  0 10  0  0  0  0  0  0  0]
    [ 0 15 16 17  0  0  0  0  0  0  0]
    [ 0  0  0 18  0  0  0  0  0  0  0]
    [ 0 23 24 25 26 27 28 29 30 31  0]
    [ 0  0  0  0  0  0  0  0  0  0  0]]
```

■迷路を解く

前節では、ランダムな迷路を作るプログラムを作りました。

このレシピでは、図5-5に示すように、

「0＝空白」「1＝外壁」「2＝柱」「3＝通せんぼの壁」「8＝入口」「9＝出口」

という値で、リスト「m」に、迷路が入っていることを想定します。

「入口」(値が「8」のところ)をm[0, 1]の固定とし、ここからスタートして、「出口」(値が「9」のところ)を目指すルートを求めます。

このレシピを実行すると、その結果として、図5-6に示すリスト「result」が得られます。

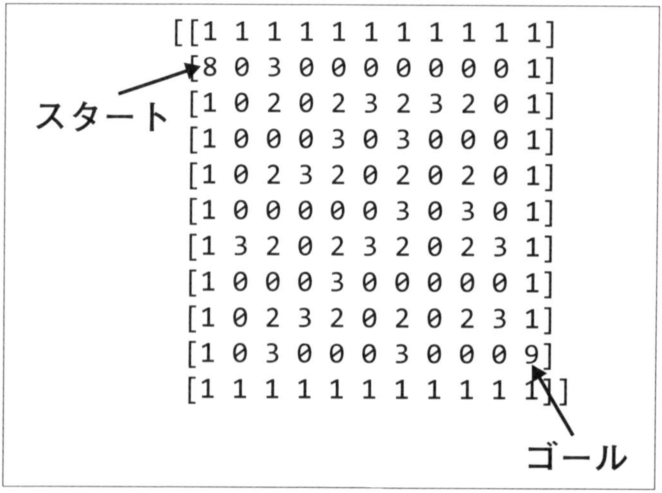

```
        [[1 1 1 1 1 1 1 1 1 1]
         [8 0 3 0 0 0 0 0 0 1]
         [1 0 2 0 2 3 2 3 2 0 1]
         [1 0 0 0 3 0 3 0 0 0 1]
         [1 0 2 3 2 0 2 0 2 0 1]
         [1 0 0 0 0 0 3 0 3 0 1]
         [1 3 2 0 2 3 2 0 2 3 1]
         [1 0 0 0 3 0 0 0 0 0 1]
         [1 0 2 3 2 0 2 0 2 3 1]
         [1 0 3 0 0 0 3 0 0 0 9]
         [1 1 1 1 1 1 1 1 1 1 1]]
```

スタート

ゴール

図5-5　解く迷路の構造

```
このアルゴリズムで得た結果 result の例

[[  0  1  0  0  0  0  0  0  0  0  0]
 [  0  2  0 45 46 47 48 49 50 51  0]
 [  0  3  0 44  0  0  0  0  0 52  0]
 [  0 40 41 43  0 32  0 56 54 53  0]
 [  0 39  0  0  0 33  0 57  0  0  0]
 [  0 38 37 36 35 34  0 58  0  0  0]
 [  0  0  0 24  0  0  0 59  0  0  0]
 [  0 20 21 23  0 74 75 76  0  0  0]
 [  0 19  0  0  0 73  0 77  0  0  0]
 [  0 18  0 69 70 72  0 79 80 81  0]
 [  0  0  0  0  0  0  0  0  0  0  0]]
```

図5-6　解いた結果の例

■左手を壁につきながら迷路を進む

このレシピでは、迷路を解くのに、古典的な「**左手の法則**」を使っています。

「左手の法則」は、**左手を壁につきながら迷路を進む**と、**必ずゴールにたどり着く**という原則に基づいています。

途中、袋路地に入ると、戻ってくる必要があり、必ずしも最適解とはなりませんが、最終的に迷路を解くことはできます。

■左手のベクトルと進行のベクトル

プログラムでは、こうした「左手を壁につきながら進む」ことを実現するために、「左手の方向」と「進行方向」を、それぞれ、「**変数 lefthand**」「**変数 move**」で、ベクトルとして示しています。

最初は、

```
lefthand = [0, -1]
move = [1, 0]
```

とし、自分は「左方向」を向く状態からスタートします。

●壁づたいに歩いていく

ここで、次のように動かすことで、迷路を解きます。

①左手側が空いているとき

左手の方に進み、反時計回りに90度回転します。

②前に進めるとき

そのまま前に進みます。

③どちらもダメなとき

時計回りに回転します。

この動きは、自分が左手側の「壁づたいに進んでいく」という動作と同じです（図5-7）。

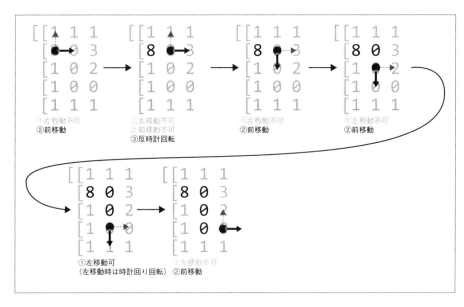

図5-7　壁づたいに進んでいく

●方向転換は「回転行列」で実行

回転には、次の式を使っています。

【反時計回り】

```
lefthand = [lefthand[1], -lefthand[0]]
move = [move[1], -move[0]]
```

【時計回り】

```
lefthand = [-lefthand[1], lefthand[0]]
move = [-move[1], move[0]]
```

一見すると分かりにくいですが、これは、「ベクトル」を回転させる、次の数式から求めたものです。

θ が90度と270度のときの計算値が、それぞれ上記の式に対応します。

$$\begin{pmatrix} x' \\ y' \end{pmatrix} = \begin{pmatrix} \cos\theta & -\sin\theta \\ \sin\theta & \cos\theta \end{pmatrix} \begin{pmatrix} x \\ y \end{pmatrix}$$

5-6　「ブラックジャック」を作る

　トランプを使ったカードゲーム「ブラックジャック」で対戦するプログラムを作ってみます。

　ポイントは「リストの扱い方」です。

【レシピ】

```
import random

def chkwin(hostpt, yourpt):
    hostpt = 21 - hostpt
    yourpt = 21 - yourpt
    if hostpt < 0:
        # ディーラーがブタ
        if yourpt < 0:
            return "引き分け"
        else:
            return "あなたの勝ち"
    else:
        if yourpt < 0:
            return "あなたの負け"
        else:
            if hostpt < yourpt:
                return "あなたの負け"
            elif hostpt > yourpt:
```

```
                    return "あなたの勝ち"
            else:
                    return "引き分け"

def getPoint(card):
    # 11以上は10として変換
    total = sum([10 if x % 13 >= 10 else x % 13 + 1 for x in card])
    # エースの場合(% 13の結果が0のとき)は、11としたほうが有利ならそうする
    for val in filter(lambda x: x % 13 == 0, card):
        if total + 10 <= 21:
            total = total + 10
    return total

def convmark(cards):
    return list(map(lambda x: "♦♠♥♣"[x // 13] +
        'A23456789TJQK'[x % 13].replace("T", "10"), cards))

# ランダムにカードを配る
card = list(range(13 * 4))
random.shuffle(card)

# ディーラーの手
h = [card.pop()]
print("ディーラー ", " ".join(convmark(h)),  " ?")
h.append(card.pop())

# あなたの手
ismore = True
y = [card.pop()]
while ismore:
    y.append(card.pop())
    print("あなたの手 ", " ".join(convmark(y)))
    isHit = ""
    while isHit != "y" and isHit != "n":
        isHit = input("もう一枚？(y or n)").lower()
    ismore = (isHit=="y")

# ディーラーの操作
# 17未満なら引き続ける
while getPoint(h) < 17:
    h.append(card.pop())

# 結果表示
print("----------")
```

```
hostPoint = getPoint(h)
yourPoint = getPoint(y)
print("ディーラー ", " ".join(convmark(h)), hostPoint)
print("あなたの手 ", " ".join(convmark(y)), yourPoint)
print(chkwin(hostPoint, yourPoint))
```

事前準備

必要ありません。

使用するライブラリ

標準ライブラリのみ。pipでインストールすべきものはありません。

レシピを実行したときの挙動

次のように、コンピュータと「ブラックジャック」を遊べます。

もう一枚引くかどうかを尋ねられたら、「y」キー（引く）または「n」キー（引かない）で答えます。

```
ディーラー  ♠4　？
あなたの手  ♠Q ♦2
もう一枚？(y or n)y
あなたの手  ♠Q ♦2 ♦J
もう一枚？(y or n)n
----------
ディーラー  ♠4 ♠K ♦4 18
あなたの手  ♠Q ♦2 ♦J 22
あなたの負け
```

■「ブラックジャック」のルール

実行するとコンピュータが手札を配り、「もう1枚？」と聞いてきます。

「21」を超えないように引いて、自分とコンピュータ（ディーラー）とで、どちらが「21」に近いかを競います。

・21を超えたら、俗に言う「ブタ」で、負けです。
・ディーラーは好きに引けるわけではなく「17未満のときだけ引き続ける」というルールを採用しています。
・「J（ジャック）」「Q（クイーン）」「K（キング）」の札は「10」として計算し、「A（エース）」は「1」または「10」の都合が良い値として計算します。

■カードの表現

カードは、リストで示しています。

「◆♠♥♣」の4種類のマークにそれぞれ「A～10、J、Q、K」のカードがありますが、これを「0～51」の数値で示します。

生成してカードを並べ替える（カードを切る）には、次のようにします。

```
# ランダムにカードを配る
card = list(range(13 * 4))
random.shuffle(card)
```

表示するときは「13」で割って、「**商**」を「**マークの種類**」とし、「**余り（0～12）**」を「先頭からA2345678910JQK」とします。

この変換は、「convmark関数」で処理しています。

「10」は2文字なので、いったん「T」としておいて、あとで「10」に置換しています。

```
def convmark(cards): def convmark(cards):
  return list(map(lambda x: "♦♠♥♣"[x // 13] +
    "A23456789TJQK"[x % 13].replace("T", "10"), cards))
```

■得点の計算

得点計算は、「getPoint関数」に実装しています。

「13で割った余りの値」(0〜12) に1を加えたもの (1〜13) が、基本的な加点ですが、「J」「Q」「K」(11〜13)は、すべて「10」として計算します。

```
total = sum([10 if x % 13 >= 10 else x % 13 + 1 for x in card])
```

「A」は「1」と「11」の有利なほうで扱います。
上記の式では、いったん「1」として扱っているので、これに「10」を加えて有利になるかどうかで得点を決めます。

「有利になる」とは、「**21に近づき、かつ、21を超えない**」ということです。

```
for val in filter(lambda x: x % 13 == 0, card):
    if total + 10 <= 21:
        total = total + 10
```

■勝ち負けの判定

勝ち負け判定は、「chkwin関数」に書きました。
基準である「21」との比較をするため、次のようにします。

```
hostpt = 21 - hostpt
yourpt = 21 - yourpt
```

これらの値が負になる場合は、「ブタ」です。

そして、次の①～③で、勝ち負けを決めます。

①コンピュータのブタ判定

コンピュータ（ディーラー）が「ブタ」かどうかを判定し、あなたも「ブタ」であれば引き分け、そうでなければ、あなたの勝ちとします。

②あなたのブタ判定

コンピュータが「ブタ」でなく、あなたが「ブタ」なら、あなたの負けです。

③21 に近いほうが勝ち

上記の変数「hostpt」と「yourpt」を比較し、より小さい（21 に近い）ほうが勝ちです。

5-7 「数独」を作る

数字パズルの「数独」を作ってみます。

条件に合うようにランダムに作っていって、失敗したときは、1つ戻って、別の選択肢をたどるように作ります。

【レシピ】

```python
import numpy as np
from functools import reduce

# 戻るためのスタック
s = []


def start(x, y, vals, a):
    if vals.size == 0:
        # ダメなのでやり直し
        x = x - 1
        if x < 0:
            y = y - 1
            x = 8
            if y < 0:
                print("NG END")
                return

        a[x, y] = 0
        vals = s.pop()
        start(x, y, vals, np.copy(a))
        return

    # valsのなかからランダムに選ぶ
    sel = np.random.choice(vals)
    a[x, y] = sel
    s.append(vals[vals != sel])

    # 次に進む
    x = x + 1
    if x >= 9:
        x = 0
        y= y + 1
        if y >= 9:
            print("-----END")
            print(a)
            return

    # 配置可能な数字の候補を求める
    # ①横方向に置ける数値
    n1 = np.setdiff1d([1, 2, 3, 4, 5, 6, 7, 8, 9], a[x, :])
    # ②縦方向に置ける数値
    n2 = np.setdiff1d([1, 2, 3, 4, 5, 6, 7, 8, 9], a[:, y])
```

```
    # ③3×3の内部に置ける数値
    rx = (x // 3) * 3
    ry = (y // 3) * 3
    r = a[rx : rx + 3, ry : ry + 3]
    n3 = np.setdiff1d([1, 2, 3, 4, 5, 6, 7, 8, 9], r.reshape(-1))

    # ①②③を満たす値を選ぶ
    u = reduce(np.intersect1d, (n1, n2, n3))
    start(x, y, u, np.copy(a))

# データ
# 0で初期化
a = np.zeros((9, 9), dtype=int)
start(0, 0, np.array([1, 2, 3, 4, 5, 6, 7, 8, 9]), a)
```

事前準備

必要ありません。

使用するライブラリ

標準ライブラリのみ。pipでインストールすべきものはありません。

レシピを実行したときの挙動

次のように、数独の解が表示されます。

これを使って適当に穴を開ければ、数独の問題にできます。

```
-----END
[[6 7 8 2 1 9 4 3 5]
 [4 2 9 8 5 3 7 1 6]
 [3 1 5 6 4 7 9 2 8]
 [2 9 6 1 3 5 8 7 4]
 [5 8 1 4 7 2 6 9 3]
 [7 3 4 9 6 8 2 5 1]
 [1 6 7 5 2 4 3 8 9]
 [8 5 3 7 9 6 1 4 2]
 [9 4 2 3 8 1 5 6 7]]
```

■数独とは

　数独とは、「9×9」のマス目に、次の条件に合う「1〜9」の数字を入れるゲームです。

---

①「縦方向」に見たときに数字の重複がないこと
②「横方向」に見たときに数字の重複がないこと
③「3×3」のブロックに分けたとき、それぞれのブロックで重複がないこと

　この条件を満たす完成図は、たとえば**図5-8**の通りです。
　このうちのいくつかを「穴開き」にしたものが「問題」で、「その穴に入る数字は何か」を考えていく遊びです。

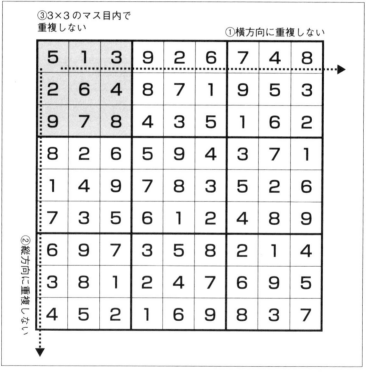

図5-8　数独

■数独の作り方

ここでは穴を開けることは考えずに、**図**5-8に示した完成形を作ることだけを考えます。

●リストの左上から埋めていく

数独の問題を作る方法は、いくつかあります。

ここではシンプルに、左上から順に、「1〜9」の数字が入るかどうかを、1つずつ調べていき、行き詰まったら、1つ戻ってやり直すという方法をとりました。

まず「9×9」のリストを用意し、「0」で初期化します。

```
a = np.zeros((9, 9), dtype=int)
```

このリストを「start関数」で処理して、1つずつ、どんな数字が入るか当てはめていきます。

```
start(0, 0, np.array([1, 2, 3, 4, 5, 6, 7, 8, 9]), a)
```

「start関数」は、「x座標」「y座標」「そこに入りうる値」「リスト」を順に渡すように作りました。

最初の座標は左上の「0,0」とし、はじめはどんな値を入れてもよいので、「1,2,3…, 9」のリストを渡しました。

●ランダムに選んでスタックする

start関数では、渡された「そこに入れることができる値」のなかからひとつ選んで、それを入れます。

このとき、あとで行き詰まったときに戻るために、「いま選んだ値を除外した、取り得る値」をスタックに積んでおきます。

```
# valsのなかからランダムに選ぶ
sel = np.random.choice(vals)
a[x, y] = sel
s.append(vals[vals != sel])
```

これで1つ、数字を選びました。

＊

次の「x座標」「y座標」にズラして、同様に処理していきます。

このとき、取り得る範囲は、**条件①②③**をすべて満たすものから決め、もう一度、この「start」を再帰呼び出しします。

```
#  ①②③を満たす値を選ぶ
u = reduce(np.intersect1d, (n1, n2, n3))
start(x, y, u, np.copy(a))
```

●手詰まりのときは戻る

このように、次々と数字を埋めていくと、「どの数字も入れられない状態」(startの引数「vals」が空になってしまう)になることがあります。

これは「手詰まり」の状態なので、一度座標を戻して、別の数値を選び直して進めます。

先の処理で、「選んだ数値を除外した選択肢」をスタックに積んでおいたので、この値を利用して、「さっき選んだのとは違う値の中から選ぶ」ということをすることで、やり直します。

```
if vals.size == 0
    # ダメなのでやり直し
    # xとyをひとつ戻す(略)
    # スタックから戻してやり直し
        a[x, y] = 0
        vals = s.pop()
        start(x, y, vals, np.copy(a))
```

索引

五十音順

■著者略歴

大澤　文孝（おおさわ　ふみたか）

テクニカルライター。プログラマー。
情報処理技術者（情報セキュリティスペシャリスト、ネットワークスペシャリスト）。
雑誌や書籍などで開発者向けの記事を中心に執筆。主にサーバやネットワーク、
Webプログラミング、セキュリティの記事を担当する。
近年は、Webシステムの設計・開発に従事。

［主な著書］

「ゼロからわかる Amazon Web Services超入門 はじめてのクラウド」	（技術評論社）
「ちゃんと使える力を身につける Webとプログラミングのきほんのきほん」	（マイナビ）
「UIまで手の回らないプログラマのためのBootstrap 3実用ガイド」	（翔泳社）
「さわって学ぶクラウドインフラ　docker基礎からのコンテナ構築」	（日経BP）

「「TWELITE PAL」ではじめるクラウド電子工作」「M5Stackではじめる電子工作」
「Python10行プログラミング」「sakura.ioではじめるIoT電子工作」
「TWELITEではじめるセンサー電子工作」「TWELITEではじめるカンタン電子工作」
「Amazon Web ServicesではじめるWebサーバ」「プログラムを作るとは？」
「インターネットにつなぐとは？」「TCP/IPプロトコルの達人になる本」　　（以上、工学社）

■挿絵

桑田　凌（くわだ　りょう）

漫画家を目指し投稿生活をしていたら、
月刊I/Oで毎月漫画や挿絵などいろいろ経験を積ませていただきました。

本書の内容に関するご質問は、
①返信用の切手を同封した手紙
②往復はがき
③ FAX (03) 5269-6031
　（返信先のFAX番号を明記してください）
④ E-mail　editors@kohgakusha.co.jp
のいずれかで、工学社編集部あてにお願いします。
なお、電話によるお問い合わせはご遠慮ください。

サポートページは下記にあります。

［工学社サイト］
http://www.kohgakusha.co.jp/

Ⅰ/OBOOKS

Jupyter Notebook レシピ

2021年1月30日　初版発行　ⓒ2021

著　者　大澤　文孝
発行人　星　正明
発行所　株式会社**工学社**
〒160-0004 東京都新宿区四谷 4-28-20 2F
電話　　（03）5269-2041（代）［営業］
　　　　（03）5269-6041（代）［編集］
振替口座　00150-6-22510

※定価はカバーに表示してあります。

印刷：(株)エーヴィスシステムズ　　　　　　　　　　ISBN978-4-7775-2132-6